知识生产的原创基地

BASE FOR ORIGINAL CREATIVE CONTENT

水平领导力

[美] 萨曼莎·斯莱德（Samantha Slade）著
李丽琳 译

GOING HORIZONTAL

CREATING A NON-HIERARCHICAL ORGANIZATION
ONE PRACTICE AT A TIME

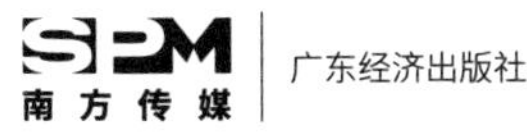

广东经济出版社
·广州·

Title: GOING HORIZONTAL: CREATING A NON-HIERARCHICAL ORGANIZATION, ONE PRACTICE AT A TIME, by: Samantha Slade

图书在版编目（CIP）数据

水平领导力 /(美) 萨曼莎·斯莱德著；李丽琳译
.—广州：广东经济出版社，2022.8
ISBN 978-7-5454-8259-1

Ⅰ.①水… Ⅱ.①萨…②李… Ⅲ.①领导学
Ⅳ.① C933

中国版本图书馆 CIP 数据核字 (2022) 第 125510 号

版权登记号：19-2022-011

策　　划	颉腾文化	责任编辑	刘　燕　王春蕊　李沁怡
责任技编	陆俊帆	封面设计	Colin

水平领导力
SHUIPING LINGDAOLI

出 版 人	李　鹏
出版发行	广东经济出版社（广州市环市东路水荫路 11 号 11 ～ 12 楼）
经　　销	全国各地新华书店
印　　刷	北京市荣盛彩色印刷有限公司（河北省保定市涿州市常家庄村）
开　　本	640 毫米 ×910 毫米　1/16
印　　张	14.5
字　　数	153 千字
版　　次	2022 年 8 月第 1 版
印　　次	2022 年 8 月第 1 次
书　　号	ISBN 978-7-5454-8259-1
定　　价	69.00 元

图书营销中心地址：广州市环市东路水荫路 11 号 11 楼
电话 :(020) 87393830 邮政编码 :510075
如发现印装质量问题，影响阅读，请与本社联系
广东经济出版社常年法律顾问：胡志海律师

谨以本书献给所有勇敢的灵魂

哪怕前路满是荆棘

依然坚持水平化的道路

正是你的个人领导力

让我们所有人的未来变得更加美好可期

译者序 | Translators' Preface

在垂直化文化环境中待的时间长了，往往误以为垂直化才是正常的。殊不知，垂直化文化也不过是组织文化的形式之一，但绝不是唯一。

近年来，我们经常会听到“扁平化管理”之类的词，作者在书中也提及，除了“扁平化管理”，还有类似的词，诸如“参与式领导力”“集体领导力”“自主管理组织”“自主治理组织”“员工主导型组织”“共同管理组织”等。这些词都在指向一种有别于现下普遍存在的组织文化，一种新的方向，一种新的可能性。当然目前这个领域尚在探索阶段，因此这些称呼尚未统一。在本书中，作者使用的是“非层级化”和“水平化”两个词。

多年来，译者自己也在工作环境中遇到过各种困境，不管是个人学习成长，还是与同事之间的协作，都是一个艰难的过程，内心始终渴望能有另一种可能性存在，一种把人当“人”而非“机器”的可能性。直到遇到这本书，一切变得顺理成章。初读这本书，会以为它只是一本平淡无奇的“练习册”，因为它太简单，照着做就可以。然而，由于作为译者的缘故，不得不反复阅读、推敲，无形中让我得以进行深度的思考，越是深度思考，越是发现这本书的精妙之处。是的，它的精妙之处就在于作者将复杂的理论和哲学部分用最平易近人的方式分享给我们，以至于我们甚至无须知道这些练习背后复杂的理论和哲学即可上手。上至 CEO，下至小助理，均可放心使用，这就是本书的高明之处。

更有意思的是，作者在书中反复强调：人的天性是非层级制的。换句话说，现如今普遍存在的“层级化文化”是一种人为的、后天的、不自然的存在。对此，值得深思：为什么我们会把这种人为的、后天的、不自然的存在当作是正常的、理所应当的？如果我们回归天性，回归非层级化又会产生怎样的效果？作者将会在书中一一为你解惑。

现存的大多数组织，目的是成为运转良好的机器，而人在系统中形成的是机械化的反应。对于日趋机械化的“工具人”而言，创造力、主观能动性只不过是美好的愿望。而真正释放天性、释放潜能，需要的是“生命体”的组织。生命体组织，就像土壤一样孕育着生命，并不断地进化、生发，人人是自己的主人，人人享有领导力，人人自主、自发地履行职责，同时又是对所有人负责的。

当然，从垂直化的思维方式转变为水平化的思维方式绝非一朝一夕的事，毋宁说，要将其运用到日常工作中。因此，就像作者所说，在走向水平化的道路上，没有捷径，不仅如此，还会遇到各种各样的困难，而唯一能帮助我们前进的就是不断地实践、练习。

最后，重要的事情说三遍！走向水平化就是练习、练习、再练习！

2021 年 7 月 28 日 于杭州

推荐语 | References

初读这本书，会以为它只是一本平淡无奇的“练习册”，因为它太简单，照着做就可以。然而，它的精妙之处在于，作者将复杂的理论和哲学部分用最平易近人的方式分享给我们，以至于我们甚至无须知道这些练习背后复杂的理论和哲学，上至 CEO，下至小助理，均适用。

——李丽琳

本书将水平化理论与概念落实到社会实践上，对所有人而言，工作中的优秀伙伴应当是那些能重新与我们真实的人性相联结的人，这才是我们前进的唯一路径。

——玛丽・奥・基夫（Mary O'Keeffe）

[新西兰] Loomio 总监

萨曼莎・斯莱德为我们当前组织系统及时提供了可替代选择。她的书令人耳目一新，因为本书是面向个人的，对所有寻找更人性化组织的人而言，是值得拥有的。

——乔尔・博塞罗（Joel Bothello）

[加拿大] 康考迪亚大学约翰墨森商学院管理系副教授

本书适合所有对未来工作方式好奇的人。

——梅丽莎·阿朗克兹克（Melissa Aronczyk）

[美国] 罗格斯大学，新闻媒体研究方向副教授

萨曼莎·斯莱德与她的这本书正是职场所需要的。书中有机智的思考、实用的方法论，以及人性化的原则。

——佩里·蒂姆斯（Perry Timms）

[英国]《人力资源》2017年最具影响力思想家，PTHR 创始人，《人力资源管理大变革》作者

萨曼莎走在组织自我管理的前沿。她始终致力于开辟新道路，致力于发掘、分享我们所希冀的新的工作方式。

——阿曼达·哈奇（Amanda Hachey）

[加拿大] NouLAB 总监

我们将向更加人性化的社会转型，而萨曼莎就是我们的介绍人。

——艾蒂安·科利尼翁（Étienne Collignon）

[法国] TeamFactory 主席，学习系统老师

要说谁能将工作环境以一种新的、更加高效的、更具激励性的方式进行架构，那一定是萨曼莎·斯莱德。本书无疑是这个领域的杰作，帮助我们从迟钝的层级化组织转变为平等的、鲜活的组织。

——马克·李维（Mark Levy）

[美国] Levy Innovation LLC 创始人及《偶然天才》（*Accidental Genius*）作者

萨曼莎·斯莱德以自己的亲身经历开启了一场大胆的组织进化之旅，共同领导，专注于我们所选定的目的。为了一个更加人性化、友好的世界，请认真听听她是怎么说的，细细品味她所提供的信息，希望对你有所启发，也希望你好好享受练习的过程。

——托克·帕卢丹·默勒（Toke Paludan Moeller）

［丹麦］Interchange（公司）联合创始人兼 CEO，可持续性创业先锋，“主持的艺术”的组织者

萨曼莎通过实践的验证，以清晰、具体、高度友好的语言勾勒出从个人到系统扁平的民主组织的工作方式。我想这本书很快就会成为所有参与组织各个维度发展和变革设计相关人员的参考标准。

——罗斯玛丽·C. 蕾莉（Rosemary C. Reilly）

［加拿大］康考迪亚大学，人类系统干预硕士，研究生项目主任，副教授

本书极大地浓缩了萨曼莎的生活经验、领域研究及学术研究，并将其转变为简易的练习，融入生活中。将所有关于合作和自主管理哲学的讨论转变为超级切实可行的练习。

——卡罗琳·伦尼（Caroline Rennie）

［瑞士］Gen-H 联合创始人

这是由实践者、组织设计者引导的极佳领域。他们勇敢地探索、试验并投入到新的工作方式与存在方式之中。本书必须列为“未来工作”核心必读书目。

——萨哈娜·恰托帕德亚（Sahana Chattopadhyay）

［印度］Enlivening Edge 亚太地区未来工作与未来伙伴的思想领袖

对于那些希望超越传统层级制的陷阱并探索新的工作方式与生存方式的人而言，本书无疑是一份大礼。

——布伦特·洛威（Brent Lowe）

[加拿大] 创始 CEO 教练，

Reinventing Scale-Ups 联合作者

萨曼莎·斯莱德以精确、智慧、极其温和的方式分享她的学识与经验。本书及其宝贵的实践练习将真正帮助我们、指导我们的组织变得更加水平化。

——达米安·弗赛尔（Damien Versele）

[比利时] De Sleutel CEO

萨曼莎·斯莱德的这本书不拘泥于理论而提出共创的理念，并将其变得切实可行。

——罗克珊·马兰格（Roxane Maranger）

[加拿大] 蒙特利尔大学，水生生态系统学家、生物学教授，

湖泊和海洋科学学会候任会长

本书是 21 世纪组织意识和工作变革领域的关键著作。

——梅琳达·瓦菲（Melinda Várfi）

[匈牙利] Organik 联合创始人，[奥地利] Resonanz 联合创始人，

“主持的艺术”实践者

本书总结了三条人类天生、普遍的心理需求：自我导向、能力和关联性。如果你想让工作环境充满乐趣、目标和意义，创造更大的利益，那么请阅读这本书。

——贾克·弗里斯特（Jacques Forest）

［加拿大］魁北克大学蒙特利尔分校管理学院教授，组织心理学家；

人力资源特许专家

是时候让每一个企业重新想象、重新设计如何工作了，本书将是你的关键资源。

——MJ. 卡普兰（MJ. Kaplan）

［美国］The Ready 合伙人，Loomio 董事会成员

我特别欣赏书中的实践部分，是变革中最难的部分，是建立在分享与参与的基础之上的。

——伯恩·赖克特（Bernd Reichert）

［比利时］中小企业执行机构（Executive Agency for Small and Medium-Sized Enterprises）执行董事

萨曼莎向我们呈现了一种看待工作的新方式，并带领我们将其应用到生活中。她就是这样一步一步地帮助我们的组织实现转型的。

——休格特·罗伯特（Huguette Robert）

［加拿大］Steeven Pedneault 总监；Présâges 社会化设计师

公共领域比以往任何时候都更需要像萨曼莎这样的人才来帮忙我们学习一项基础的人类技能：为了社会的革新而合作。

——塞西尔·乔利（Cécile Joly）

［法国］国家领土公共管理中心（National Center of Territorial Public Administration），协同公共创新与学习实验室（Collaborative Public Innovation and Learning Lab）项目总监

阅读本书能学习如何以一种全新的视角看待世界，为建造公共空间培养全新的力量。

——戴维·博利埃（David Bollier）

[美国] *Think like a Commoner* 作者

找到如何进入一个更成熟和负责任的管理范式，在这个范式中人类可以获得一种不同维度的能力和目的的一致性。本书让我重新思考责任心，并改变了我原来的信念和想法。

——安娜·曼萨内多（Ana Manzanedo）

[西班牙] Ouishare 治理联结者

萨曼莎将其原则具象化：科学的高效合作过程中，深度尊重个体的贡献与能力。

——玛侬·波里尔（Manon Poirier）

[加拿大] 魁北克人力资源专业人员特许协会（Quebec Chartered in Human Resources）执行官

萨曼莎·斯莱德深刻地理解到非层级化文化的力量和活力所在。我强烈建议将本书作为用于指导发展水平化文化的工具书。

——莎拉·豪斯曼（Sarah Houseman）

[澳大利亚] 乐卓博大学（La Trobe University）博士，治理研究员

有了萨曼莎·斯莱德的这本书，我们便有了能体现深刻见解的参考书，帮助人们理解如何在这个新的范式中有效地运作。本书是走向水平化的最佳伙伴。

——埃德文·詹森（Edwin Jansen）

[加拿大] Fitzii 市场总监

本书在水平化场景中至关重要，内容包含七大板块，是你的必读书目。

——伊沃·波尔斯（Ivo Bols）

[比利时] Irisoft Solutions CEO

萨曼莎为我们带来了使集体智慧更加富有生命力和创造力的方法。

——丹尼斯·克里斯托尔（Denis Cristol）

[法国] 国家领土公共部门中心，培训平台总监及教练

萨曼莎成功地打开了鲜为人知的合作视角。她提醒我们不以事小而不为。

——蕾妮·维梅特（Renée Ouimet）

[加拿大] Quebec Mental Health Movement 总监

Preface | 作者自序

21 岁时，我就读于加拿大蒙特利尔的麦吉尔大学，主修文化人类学。从课堂和书本上，我学习不同社会的组织形态和各式各样的变革。那是 20 世纪 80 年代，尼加拉瓜在进行着一场变革。

一场声势浩大的扫盲运动在尼加拉瓜如火如荼地开展着，短短 5 个月的时间，尼加拉瓜全国上下识字率提高了 40%，为此，还获得联合国教科文组织的杰出荣誉奖。整个国际社会也因此备受鼓舞。令我吃惊的是这项工作竟是由教育工作者联合成千上万个青年团体共同推动完成的。当时，尼加拉瓜正在经历转型，许多方面正在以去中心化的方式重新设计，这让我深深为之着迷。好奇心促使我想去和那里的人们面对面交谈，听听他们的亲身经历，多了解一些他们的故事。因此，我决定休学一年，独自前往尼加拉瓜。

踏上尼加拉瓜土地的那一刻，我被那里的氛围深深打动了。公交车上，人们就国家的新形态侃侃而谈。与我同车的还有一位来自芬兰的小伙子，和我一样，对这里的变革充满了好奇。人们握住我们的手，翻过来看了看手掌，然后哈哈大笑。这么细皮嫩肉的手，要如何为变革作贡献呢？一路上人们高谈阔论，欢声笑语不断。

变革之初，据说 47% 的土地掌握在 1% 的人口手里。随着农业改革的推进，那些闲置的、未被充分利用的，以及被遗弃的财产被逐一没收。

全国上下就如何获得更公平的土地所有权展开辩论。这时，合作农场出现了。有些合作社在进行农业生产和服务的同时，还会为工人提供日托中心和社会福利。在一个生产雪茄烟的合作社，我作为志愿者加入他们的日托中心和夏季学习班。此时，著名的尼加拉瓜扫盲运动的影响力已经显现。[1]这场运动是为更广泛的社会转型而设计的，由多个社会组织者在国家、省和市三个层面开展治理工作，成千上万来自大学及中学的学生和老师自愿下乡 5 个月，住到农民家，和他们一起劳作，教他们识字。该项目意在消除社会经济分化。此外，还有医疗工作者自发带着药品下乡，文化工作者自发下乡收集乡村的故事、音乐和风俗习惯，经过筛选整理之后汇总到扫盲工作组。这场变革并非提前规划，而是经由 47 台短波无线电的网络传播，在过程中获得人们的积极响应进而一步步地推动下去。

新政府在全国范围内举办诗歌工作坊和文化中心，从而加速整个文化发展的进程。在此期间，尼加拉瓜成为世界壁画之都，来自海内外的艺术家更是建起多个户外民主博物馆。在那里，我确实感受到国家的另一种可能性，然而当时经济上也面临着巨大的困难。经济失控，物价飞速上涨。一顿饭的工夫，餐馆里的饭菜价格就能翻一倍。丛林里战火纷飞，为了防止被反政府武装攻击，在此期间，我也受训学会保护自己。

对尼加拉瓜变革的观察，让我意识到制度既然是人创造的，那么人也可以对其进行改造。我们现有的组织和制度只不过是一种模式，还可以有更多的模式。在此期间，我明白了去中心化运动的力量，也初次体验到了合作化方式的魅力。时至今日，那次的扫盲运动及其所取得的成果依然令人赞叹。

后来，我回到加拿大投身教育事业，想为改善加拿大的社会状况出一份力。毕业后，我成为一名教师，任务是培养教师、开发课程与教材，最终成为加拿大教育部的顾问。在这段漫长而又丰富的旅程中，我发现官员的身份并不能为推动变革助力，相比之下，企业家的身份才是实现变革的理想身份。我想参与到这场运动中。

40 岁时，我辞掉政府工作，与我的合伙人一起创办了 Percolab 公司，全力以赴投入其中，去探索公司到底应该是什么样子的。Percolab 是一家协同设计、共同创造的公司，为各种组织和生态系统提供支持，陪伴他们成长。在这里，我们要做的事情就是撸起袖子，积极推动更有参与感、更有合作意识的企业文化。Percolab 的所有办公室均是由员工自主管理，且整个网络也是自主治理的。

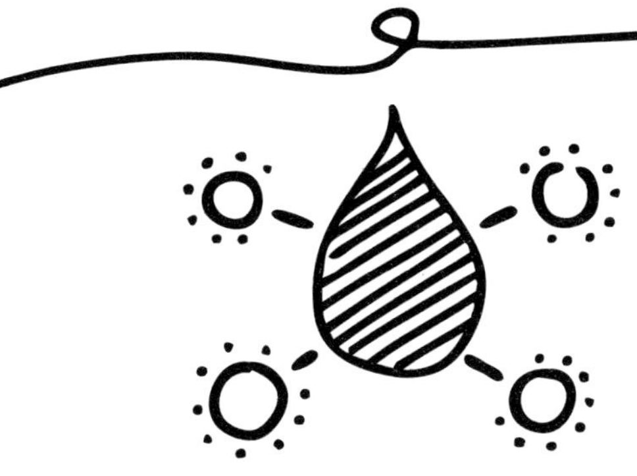

迄今为止，我们在应用人种志的观察已有超过 10 年的经验（译者注：人种志研究是对人类特定社会的描述性研究项目或研究过程），在此期间，我们不断优化试验性操作系统、优化我们的组织文化，不断地与多个国家的客户互动，终于有了今天的研究成果。多年来，要感谢所有同事和社区成员，在大家的共同努力下，让这些组织模式和实践得以验证。除了理论与科学层面的研究，我本人也亲身经历并目睹了更多的参与方式和扁平化组织的过人之处。自始至终，我都相信这一切是可以实现的，因此始终抱持着极大的热情投入其中、收集各种实践经验，与团队、客户和合作伙伴反复地践行演练。现在，是时候和大家分享我们的成果了。我听到大家的呼唤，也明白大家对这项成果的渴求，而分享这项成果最好的办法就是和大家一起来实践它。本书是我多年的经验总结，借由集结成书的机会与诸位分享。我没想到自己当初的教育经验和人类学专业背景在实践中会起到如此大的作用。随着时间的推移，我发现我所遇到的每一个人，不管他们来自哪里，好像都在试图从传统的工作模式和业务模式中走出来，都在试图寻求一种更合理的方式以脱离目前的困境。人们渴求找到这样的资源来帮他们解决难题。然而，这个领域尚在开荒阶段，因此还未有统一的称呼，乃至各种叫法都有。例如，有的人称之为“参与式领导力”或“集体领导力”，有的人称其为“自主管理组织”或“自主治理组织”，还有的人则称其为“员工主导型组织”或“共同管理组织”。而我为本书选用的对应术语则是“水平化”或“非层级化”，在书中二者交替使用。人们对这个领域的研究热情依然高涨。我相信我的经验、教训以及多年来的意义建构研究可以作为其他人的建设性资源。[译者注：布伦达·德尔文（Brenda Dervin）的意义建构（sensemaking）是以解释、沟通信息与意义之间关系的概念性工具。意义建构理论认为信息研究应由来源强调转向使用者强调的方向，这种方向视信息寻求与使用为一种沟通实践模式。]

Contents | 目录

引言 001

第一章
为何要走向水平化 005

第二章
熟能生巧 019

第三章
自治 029
主张个人领导力

第四章
目的 053
看不见的领导

第五章
会议 069
责任共担

第六章

透明化 091

开放即有效和高效

第七章

决策 111

权力共享

第八章

学习与成长 133

自我导向与共同学习

第九章

关系与冲突 157

共同处理

第十章

从这里开始，你要去往何处 181

发掘你身边的机会

附录

Percolab 的决策产生过程 198

注释 203

参考文献 210

致谢 212

引言
Introduction

如果你有兴趣在水平化实践练习中培养你的理解力和接受力，那么这本书很适合你。不管你是某个组织的员工，还是某个团体、俱乐部的成员，或者你是自由职业者、学生；不管你的水平化组织经验如何，都欢迎哦！

本书将助你一臂之力，让你对水平化更加清晰明了，让你从此勇往直前。书中的实践练习会帮助你摆脱恐惧型思维，尤其是在计划性和操控性的文化中，这种恐惧型思维只会被不断强化。书中的实践练习将帮你重新学会信任别人，但前提是先从你自己开始。这些实践练习适用于组织中任何层级的任何人——上至想带领组织走向水平化的 CEO，下至在工作中看到无量前途的小助理，均适用。无论你是 CEO 还是小助理，从自己开始行动起来，唯有如此，才能期望整个组织有所改变。

无论你的组织处于何种阶段，不管是已经顺利踏上非层级化之旅，还是刚刚开始非层级化之行，又或者是坚决反对水平化的方式；不管你处在哪个阶段，只要对此感兴趣，并愿意学习，那么这本书就会对你有所帮助。每个人带着不同的问题前来寻找答案。问题不一而足：如何让人在享受工作的同时又能发挥主观能动性？如何才能让组织更民主，更有参与感，更有共创性？如何才能留住优秀员工？如何让组织更好地承载你的价值观？

在某种程度上，问题还可以更私人化一些，比如，我想让团队、组织、社区变成什么样？我该如何推动它？这本书不是用来证明你的组织或同事在哪些方面是错的，而是用来培养你个人的非层级化思维方式和行为方式；你如何进行非层级化的实践练习，并如何扩大其应用的深度和广度。

无论我去到哪里，每当说起我们是如何思考自己的工作习惯和不合理的工作方式时，总会得到强烈的共鸣。鲜少有人对此提出异议。每当加上“而且我们也不知如何往前推进”时，他们则共鸣更甚。换句话说，我们都承认组织的缺陷所在，但我们也都承认当下找不到解决的办法。本书将提供支持性体系结构助你走出已然习以为常的层级化文化。书中所涉及的实践练习和体系结构也将有助于你在现有的组织中培养并生长出非层级化文化。从你自己开始吧，为自己和身边的人提供生长出非层级化方式的空间和机会。

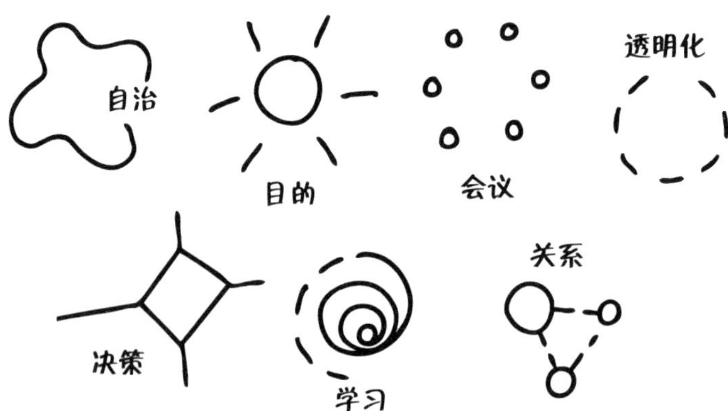

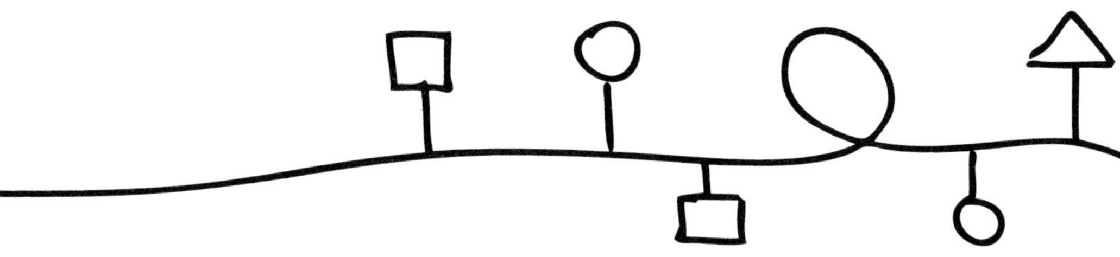

本书共涵盖七个核心板块的实践练习，这些实践练习在大部分组织中也很常见，它们分别是自治、目的、会议、透明化、决策、学习与成长、关系与冲突。每一章，将重点解读为何该板块的实践练习对水平化组织与思维方式如此重要，也会给出相应方法用以辨别发生在日常生活中的水平化实践。此外还有对应的实操练习，供你随时取用。本书自始至终都在邀请你进行定期训练，这些训练有助于你把这些实践练习带到组织化的场景中——勾勒组织文化、影响你当如何行使职责，以及探索你周围的可能性。

书中提出若干模型和理论用以支撑实际工作。当你读完前面所有章节时，最后一章则会引导你如何在具体的组织事务中开展策略性的行动。本书按照整体实践顺序进行编排，有助于读者全面养成水平化习惯。同时，每一章各有其对应侧重点，如果某一章特别吸引你，那么请以该章为节点，来回翻看。本书将带你以全新的视角来看待组织中的日常细节，以及你的处事之道；也有助于你理解层级化思维下的行为和非层级化思维下的行为之间的不同之处，同时有助于你思考行为之间存在的复杂性。

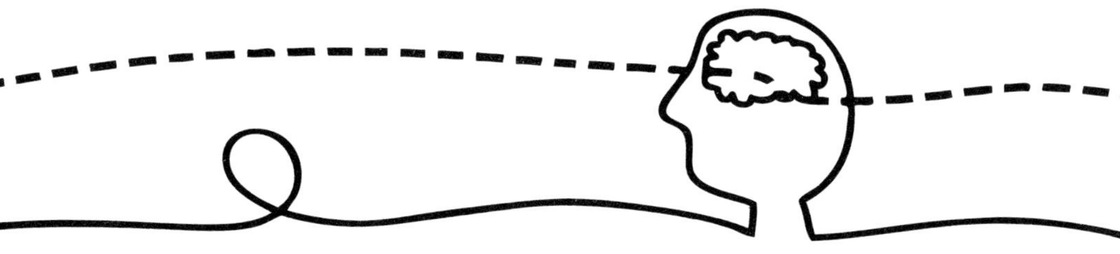

从你开始 YOU

找机会让自己与身边的人实践这些新行为。或许，你可以先从非工作场景或非正式团队入手，之后再逐步延伸至工作场景；或许，你眼前就有绝佳的机会实践这些新行为，本书将会帮你看到这些机会。你可以先从意识上开始改变，由点及面，始终保持对生活体验的关注。在此，你只需坚持一件事，即你就是“原型”。(译者注：在计算机编程语言 JavaScript 中，每一个函数都有原型，函数被实例化以后，通过实例对象的属性可以访问原型，实现继承机制。）停止要求别人，从自己开始吧！

所谓实践机会，无非就是在过程中不断地验证并接受挑战。是否踏上非层级化之旅完全由你定，无须等待任何更高权威的授权。这是我们自己的事，因此这趟旅程将从我们自己开始。市面上的书大多面向的是领导者，领导者之所以重要是因为他们有权力改变组织结构。然而，水平化文化则是关乎每一个个体，因此，本书所要面向的是组织中的每一个个体、每一个人。

第一章

为何要走向水平化

无须等待上级批示，非层级化练习随时可以开始。

人的天性是非层级制的

非层级化行为方式是人类所特有的，是我们基因中的一部分，就像雁要南飞，熊要冬眠一样，我们是自主管理的物种。

我们每天吃饭、做家务、互相关心、规划大事、庆祝胜利、哀痛损失，所有的活动都是自发完成，并没有所谓的老板管着。各自安排生活，遇事一起想办法，是“成人到成人”的模式。大部分时候，我们也会感激他人的投入与支持，而一旦他们开始说教，我们就会开始警惕，尤其反感某些人仗着所谓的“权势”让我们做不想做的事。大多数情况下，我们会想方设法与各种各样的人一起工作，大家可能观点不同、喜好不同、见解不同，但在一起，就会想办法完成任务，不管这项任务是堆雪人还是办生日会，总之都会一起想办法完成。但如果有朋友或伙伴试图“管理”我们做什么、决定什么，或“管理”我们想什么，那么势必会伤害到大家的关系。我们更喜欢待在各种非层级化的群体中。简单地说，我们需要水平化的职场环境，因为我们天生是水平化的物种，如果违逆本性，则会让 85% 的人消极怠工，因为“工作”这个词本身就是消极的，同时也会出现像美国电影《上班一条虫》（译者注：该片讲述不堪忍受乏味工作的彼得·吉布森在被催眠后一反常态反抗公司规定的故事）里的场景，员工不堪忍受乏味工作而进行情感宣泄。事实上，我们完全可以做得更好！

在我的工作坊，会让参与者从日常生活中找出和其他人平起平坐地在一起解决问题的案例。由于我们不常以这种方式看待世界，因此这个过程对在场的人来说也比较为难。然而，事实上这些案例在现实生活中俯拾皆是，比如我们在家放什么音乐，我们去杂货店采购，我们会和自己喜欢的人结婚。我们会在不同场合诸如杂货店、游泳池、公园遇到各色人等，不管是认识的还是不认识的，没有人会对我们指手画脚。生活中没有一连串的指令，当然并不意味着这很容易，凭良心说，不管以何种方式，我们都不想要这些指令。除非是给科幻小说写大纲，或许机器人会用到这些指令。

在职场中，非层级化方式是切实可行的

尽管人的天性是水平化的，然而工作中现存的组织模式和文化却是垂直化的。当然，不能简单地将生活中的非层级化方式带到工作中，而是需要考虑到二者之间的根本差异。在工作中，我们与组织签约，并按要求履约，组织则定期给我们发工资。因此，我们要对组织及其目标负责，要承担组织的业绩压力，同时还要确保遵纪守法。

尽管我们的组织有能力发展为非层级化的方式，而且人类历史上也有很多非层级化社会的案例，但目前普遍存在的却依然是垂直化的模式。有人会说实行垂直化是为了提高工作效率、扩大工作规模，但许多非层级化组织也实现了所谓的高效率、大规模的目的；还有人可能会说垂直化是为了支持早期剥削制度和殖民主义的价值。诚然，身心完整的人类并不是层级化组织模式所关注的重点，因此现行的组织文化和体系结构亦无法符合人的本性。

每当受邀帮某些组织做转型时，我经常会听到诸如此类的话："虽然组织架构是垂直化的，但我们希望您能以水平化的方式跟我们的员工对话。"或是，有高管会说："我真的没把自己当老板，大家也不会这么喊我。"这类情况不过是动动嘴皮子，假装自己不是层级制而已，并没有任何的实际行动，更不是真正地走向水平化。

当我与那些真正热爱工作的人对话时，他们是这么说的，"老板信任我""我可以选择做我想做的事"或"我被鼓励多尝试"。所有的这些表达都是更人性化、更自然地履行职责，如此一来，人们感觉到彼此之间是像成年人那样相互信任、相互关怀。哪怕是在垂直化的文化中，有些地方人们是被公平对待的；而有些地方则没有被公平对待。想想你过往的经历，就能明白自己的处境了。

层级制无法带领我们走向未来

层级化组织架构之下的早九晚五办公氛围明显比较紧张，且这种类型的管理成本非常高昂。据管理专家加里·哈默尔（Gary Hamel）和米歇尔·贾尼尼（Michele Zanini）估算，微观管理每年仅在美国的开支就有 3 万亿美元。[2] 而人力上的花费也是令人深感忧虑。尽管这项估值数十亿美元的产业正在努力推动改善现状，但员工的参与度并没有因此提高。目前，世界上仅有 15% 的劳动力在积极投入工作。[3]

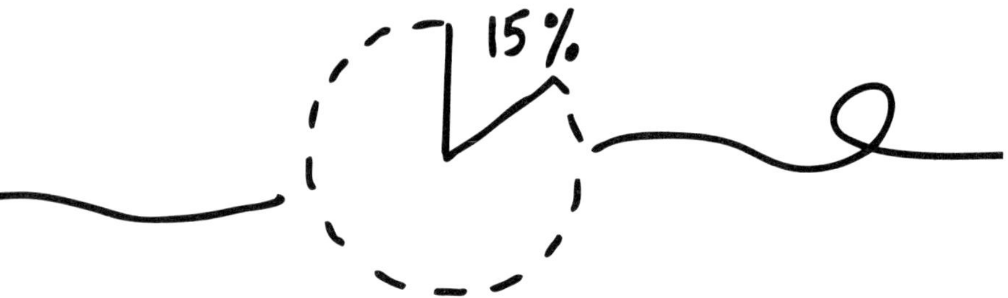

职场中最主要的心理压力与层级化文化息息相关，比如与上级关系差、缺乏认知，以及在决策和管理方面参与度低等情况。[4] 另外，组织吸引和挽留员工的处境也比较困难，其中高水平人群的离开主要是为了让自己更好地学习、成长。[5] 组织正面临劳动力的严峻挑战，且有日益增长的趋势。这个趋势对我触动很大，人在现有的模式下深受其害。

与此同时，新时代的到来，让我们再也无法像过去那样继续忍受诸如不公平的报酬、苛刻的规定等这样的组织行为。专业人士不断地打造个人品牌与行业地位，让自己变得更有竞争力。如此一来，雇主们就会争相聘请他们。自由职业市场也在不断扩大，并形成群体替代公司提供共享服务和社会安全网络。[6] 网络化组织也在增长。为了满足数字化游民和各地独立工作者对工作环境的自由度和美观度的喜好，越来越多的公司实行联合办公网络和去中心化的平行化基础设施。我们即将迎来信息化的、极具潜能的和富有创造力的劳动力，而这些潜能在传统的垂直化组织体系中是无法被挖掘出来的。[7] 互联网的思维方式压根就不是层级化的思维方式，这也是为什么身为互联网原住民的千禧一代无法理解信息和权力为何要控制在少数人的手里，而不让其流动起来为所有人共享的原因。只有当组织转变为权力共享、彼此负责、互相关爱的透明化文化时，那时才真正地开始回应现代组织所面临的挑战。近期有关于未来组织的研究报告显示未来的组织要给员工更大的空间，关键在于加大对员工的“信任”能力。[8]

人工智能正在改变着我们的就业环境，甚至有人说，40%的职位不久将会消失不见。[9]又如，同理心、创造力和实时决策将会取代以往逆来顺受的思维方式。在水平化文化中，这些都会受到重视，并且得到发展。

从你自身出发，可以是一个邀请、一个机会，抑或是一个提醒，重新审视那些组织动作方式中习以为常的东西。这项工作的深度远超我们的想象；要求新的思维方式、新的个人与集体实践，以及新的组织模式。在这个过程中，没有诀窍，不是生产率的问题，我们所要回答的一个问题是：如何作为人类而在一起。

未来的组织文化需要以非层级化方式来运行，并且非层级化方式是符合下一代人对理想和文化的定位的。

成功的水平化组织思维方式是怎样的

水平化的方式不仅能解决组织中普遍存在的不思进取的问题，同时还会积极促进人们的心理健康。当人们被关怀呵护时，他们就能成事，而这正是组织所需要的：要勇往直前、要一马当先、要保持初心。接下来看看具体内容：当我们在说员工力求上进的时候，我们在说什么呢？以下这些特征可以看出其中的差异：

不思进取的员工	力求上进的员工
执行任务 / 逃避工作	积极地参与工作并关心他人
不想学习新事物	保持好奇心 / 主动地成长
抱怨 / 指责 / 欺负人	贡献想法 / 为他人提供工作上的支持
对同事冷漠	愿意为同事付出 / 为关系付出
对组织取得的成果冷漠	想象可能性 / 共创 / 提出方案

博组客（Buurtzorg）是荷兰的一个家庭护理公司，始创于2007年，公司实行水平化架构。该组织以信任为基础，由10～12名护士组成最小单位的团队，每个小团队全权处理所有的管理事务，包括行使人力资源职能、制定预算、安排时间以及绩效评估。另配有中央办公室，约50人的团队用以支持（并非管理）14 000名护士。7年的时间，博组客在荷兰占领了2/3的市场。时至今日，博组客也已在全球其他国家如英国、美国、日本和中国都设立分公司。作为研究对象，该组织的经验证明了客户满意度高、员工身心健康，以及公司收益有保障在水平化的组织管理方式下是可以实现的。[10]

一个成功的非层级化组织通常满足以下五条指标，但是请记住：这是黄金标准；完成这五条绝非是件可以一步到位的易事，而是要通过经年累月不断精进方能实现。

所有人对所有人负责

有些人或许会认为非层级化思维方式意味着没有管理。恰恰相反：非层级化思维方式对每个人的要求更高。过去有很多事务是由管理者来承担责任，如今分发出去转而由团队所有人一起共担，也就是说不再由某一个管理者来把持，而是全员参与，包括制定目标、分配任务、安排付款、相扶相促、彼此负责、互助共赢。

人人享有个人领导力

水平化思维的前提是让问题从群众中来，回到群众中去，无须任何人授权，无须征求任何人的批示，人人都可以想办法解决问题。我们习惯性认为领导者是组织的顶层，这是不对的。在非层级化思维看来，无论何种职位、无论何种工作性质，人人都享有个人领导力。如果看到某些工作进展得不顺利，那就去推动它。关注问题，提出建议。

人人自主自发地履行职责

水平化组织中，人人都是自主自发地参与，不会有任何被压制的感觉，但这并不意味着你可以为所欲为，这二者之间有本质的区别。在有些情况下，权力被分化，所有人一起做决策；而在其他情况下，则是由某个人替团队做决定（就像在水上飞机的客舱里，乘客要听从飞行员的安排坐在安全的位置上）。只有人人自主自发地履行职责，水平化思维才会发挥作用，否则就会有人被压制。在这个过程中，是在为个人的主人翁意识赋能，激励大家履行职责。

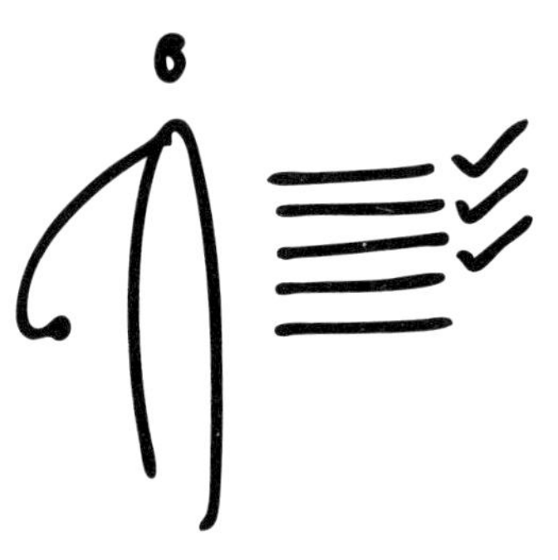

行动兼具参与性和反馈性

水平化并不意味着混乱无序，成功的非层级化文化是兼具参与性与反馈性的，是能成事的。我们本能地认为向更大范围的群体开放会增加时间成本，也会带来痛苦。当然，未经思考地开放责任肯定是不可取的，相信很多人都有类似的经历。当非层级化的方式代替无序的体系结构之后，事实证明参与式的文化管理起来会更加顺畅。当命令的锁链被高高举起，层级化架构就会变得更加轻盈，层级也会变得更少，每个角色都有其对应的目的、责任和指标，决策能力和决策空间也会更加明确，每一次会议记录都井井有条地归档在案；更加关注彼此之间在做什么；强化人与人之间关系和化解冲突的机制。成功的自组织哪怕是在面对危机或赶进度的情况下，都不会让人感到害怕和被操控，因为同事之间建立起来的信任感，足以互相依靠。

组织是公平、公正、有创造力的

非层级化组织所面临的挑战是如何让目的更有意义，让机制更公平——不管是薪资收入、利润分红、环境影响，还是与不同的人融洽相处，均要避免出现压榨式的、强制式的和家长式的情况。这些词确实很强硬，但也反映

了目前自上而下的组织结构和组织文化的真实现状。一个组织如果想要实现完全的水平化，唯一的办法就是让员工感受到组织于他而言是有意义的。那时，组织就可以松开控制之手，允许员工施展个人领导力，为组织作贡献。

打破思维惯性，走向水平化

你将如何推动这项新范式的落地，并让大家欣然接受？事实上，发愿容易，执行难。自上而下的惯性思维会在潜意识里阻碍新行为的养成。或许你会想有没有手册或秘籍，让你可以快速上手。遗憾的是，每个组织的自主管理路径各不相同，比如有的是不经意间走上水平化道路的，有的是有意为之的，还有的则是避之不及的，不能一概而论。变革听起来费心费力，哪怕真心感兴趣，且有志于付诸实践，这个过程也注定不会特别顺利。

举个例子，加拿大有家银行设置了新的建议程序，即管理层邀请员工就工作方式或工作过程中不合理的地方提出建议，组织将根据相关建议作相应调整。听着不错，出发点也很好，但在哪些情况下会进行不下去呢？当员工向管理层递交建议之后，由管理层决定并安排执行——这是“家长—孩子”模式的文化在起作用。如果有的建议没有安排执行，那么不仅不会改变现状，还会挫伤员工的积极性。完全实行“成人—成人”模

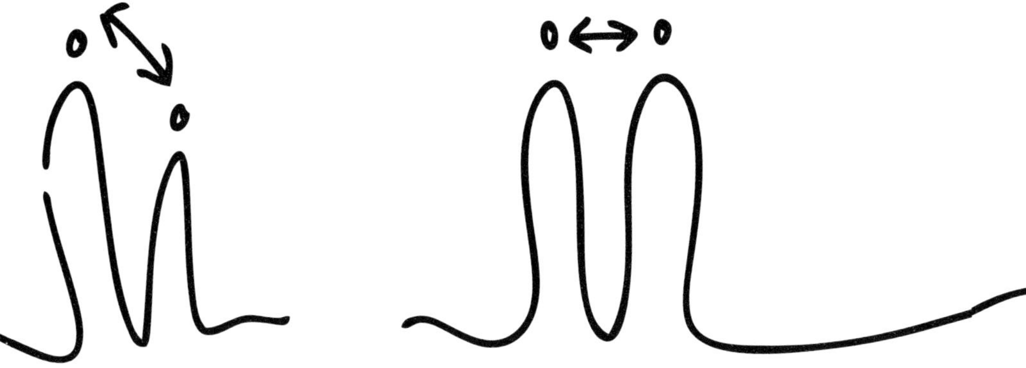

式的合作方式对整体的变革不仅是必要的而且是大有裨益的。如果不从根本上做长期的转变工作，那么大部分时候，变革将无疾而终。

绝大多数人以为从旧系统变成新系统需要万事俱备才能执行，而事实上，这项工作无比庞杂且浩大，甚至无法提前预测。如果抱持着事先取得领导层的支持和认可，再落地执行的想法，那么同样也会进行不下去。

一步一步来，不要急于求成

不管发生任何情况，只要勇于尝试并从中积累经验即可，想想我们小时候不就是这么学会走路、学会说话的吗？否则的话，不过是个“面子工程”，一旦遇到挑战或困难，就会不可避免地会被打回原形，甚至会走到“教条的”“危险的”或“无效的”路子上，尽管传统的方式是没有所谓的教条、危险和无效的情况，但这些术语都是我们的挡箭牌，让我们避免对现有的范式做出改变。事实上，我们要学习这些水平化的方式并将其应用到具体的工作中。

大多数组织的目标是成为运转良好的机器，允许人为地规划和操控可预见的未来。这种思维方式被称为“机械化”的思维方式，让员工各自为战，并成为高度专业化的角色。人在这样的系统中形成机械化的反应，如果想要转向水平化思维，则要培养“生命体”的思维方式。

机械化　　　　生命体

生命体组织就像一座城市，在那里事物不断地进化着，并对内在及周围产生的变化作出回应。当然，即使我们知道并接受这个原则，也并不意味着我们能够将其运用到日常工作中。大多数组织的假定设想和体系结构让我们做的事几乎是与之相反的。这里没有捷径带我们走向水平化，不仅如此，在走向水平化的道路上，我们还会遇到各种困难。而能助我们前进的办法就是实践。

第二章

熟能生巧

我只想学游泳，但并不想下水。

从现在开始，训练你的水平化思维方式

走向水平化不是按一下开关这么简单，这是一个更深层次的内在变化过程，同时还要养成新行为和与之相应的反应。当然，这个过程不可能一蹴而就，培养过程也颇费时间，不过好在培养非层级化的思维方式不限对象，随时可以进行。当我说水平化的方式是一种“练习”时，具体是指什么呢？其实所谓的练习即是不断重复地学习，重复地做一件事，每次完成之后进行调整，再一遍又一遍地循环往复，这就是“在行动中学习”的过程。

有人认为在开始实践非层级化的方式之前，需要获得组织中决策人的同意才能开始执行。这是不对的！以下四个理由足以让你开始通过非层级化的练习培养水平化思维方式：

（1）非层级化思维方式是为了获得你个人的领导力。因此，我们不能只是坐等层级化的命令传达。如果水平化方式对我们来说很重要，那么是时候撸起袖子开始行动起来，我们不能等着层级化来推动非层级化。

（2）转向非层级化思维方式需要内在驱动力。也就是说，不限对象随时开始。事实上，在水平化练习的过程中，最大的受益人是你自己。在这个过程中，你会对层级化的命令和操控的文化产生觉察力，并将旧有的习惯与反应转变成新的习惯与反应。这些练习不仅会帮你成为更好的工作者，也会帮你成为更好的人（作为合作伙伴、父母、朋友、公民等）。

（3）没人能预知未来。你无法预知你的组织和你的职位未来会发生哪些变化。如果你开始水平化练习，其影响将是无法预测的。你可以逐步扩大你的工作范围与合作对象而不做任何预设。当你的组织转变成更水平化的方式时，你的意识和技能在新的习惯中会成为你特有的才能和优势。

未来

（4）有时候人们会关注非层级化结构性转变以及政策转变的效果。这些转变很重要，但不要会错意，如果没有恰当的非

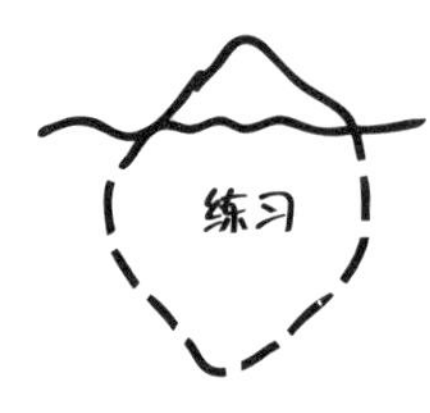

层级化练习，这些转变就会困难重重。单就体系结构而言，并不意味着人们会重新与自己天性中的自主管理本能相联结，从而起到彼此信任、互相关怀及主动承担的作用。实际上，练习促进的是更深层次的、文化上的转变。

如何定义练习

练习，就是一而再、再而三地做某件事直到熟能生巧为止，而这完全是人类共同的天性。通过练习，我们学会了说话、开车、演奏乐器、狩猎、做饭，以及与人交谈。这些统称为技能的东西，只要花时间刻意练习，就可以越来越熟练。比如武术，我们不断练习以增加肌肉的力量，从而形成新的条件反射，知道什么时候该移动，什么时候该配合。大家在一起练习的时候，可以当场相互反馈，同时也可以在练习中挑战和支持彼此。

练习并非一劳永逸。比如仅靠投入上百个小时的练习就想成为柔道高手，那是不太可能的。除了练习外，还需要各种方法体系、及时反思，并且知道哪些地方做得好，哪些地方做得不好，以及哪些地方需要改进。

自我反思要求更深入地分析所需转变的个人设想与信仰。“练习”一词包含以下三层内涵：①执行；②最小单位的练习；③反思。比如在足球领域，“执行”是你正在踢足球而不是在口头上谈论踢足球。“练习的单位”是射门 20 次 / 组，从不同的角度进行射门。“反思”就是分析这 20 次射门好的地方和不好的地方，然后给自己设定下一步的练习目标。不断地“执行—观察—反思”循环往复，逐步改变，进而养成新的习惯和技能。因此光练习是不够的，我们还需要有意识地培养新的行为习惯。

有时候我们会将“练习”和“专业”这两个概念混为一谈。就“专业”来说，会让我们感到无能为力或无须再学习。相反，“练习”则是接纳我们现有的水平。“练习”是友好的，“练习”邀请我们看到自我怀疑、不舒适的感觉，甚至是不完美的感觉。“练习”其实就是试试，这就是我们学习的方法。这是一条没有终点的路——实践、调整、再实践。

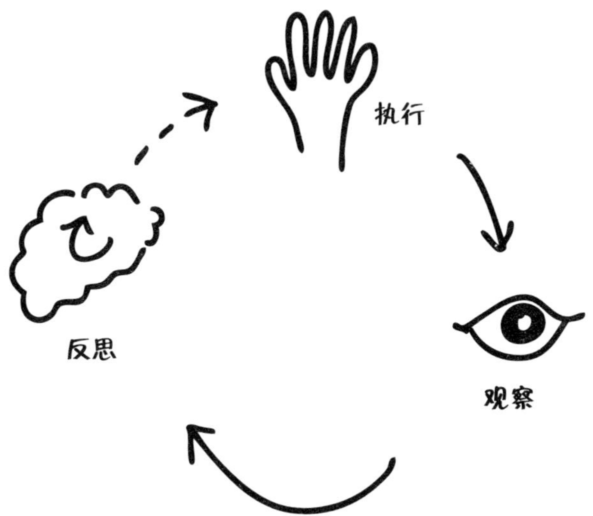

三类实践练习

本书中的全部实践练习可归纳为三类，如此归类有助于大家更有意识、更有策略性地进行练习。要注意这里有个前提，即当你寻找实践练习的空间时，要确保你对这个空间在心理上是有安全感的，同时在这样的空间里进行练习不会危及你的工作或职业名声。有目的地选择与自身情况相匹配的练习，有助于一步一个脚印地培养水平化文化，也有助于避免进行不下去的情况。

（1）个人类实践练习。个人类实践练习无须征得任何人的许可，由于是个人实践练习，因此甚至不会有人注意到你，但此类练习仍具转变的潜能与力量。个人类实践练习有利于帮助自己与他人进步。践行者在实践练习的过程中也将受益良多，因为这些实践练习有助于我们从内在发生改变，帮助我们成为更有自我觉知的人。不管外部环境如何，不管身处何地，个人类实践练习均可在内部完成。不管是在工作之中还是工作之外，我们都将从中受益。例如寻求帮助、深度倾听、脚踏实地。

（2）安全类实践练习。如若涉及集体的实践练习，那就需要其他人的参与并征得他人同意。安全类实践练习是可以为我们提供关怀和友好举动的外部环境。这类实践练习可以与我们

所信任的同事一起进行。在工作之外的实践，则可与朋友或社群的同伴一起进行。通过适当的练习，我们就可以进阶到下一个阶段。例如集体决策、集体意义建构、团队会议实践。

（3）测试类实践练习。测试类实践练习可以在群体中进行。重点是测试类练习可作为原型，即经过多轮的测试实践，积累大家在一起更好地协作的经验。这些练习有助于整个组织的文化和体系结构发生转变。

我强烈建议先从前两类实践练习开始，之后再进行第三类实践练习。在初始阶段，需要大量实践练习摆脱原有的层级化思维方式，接着才能迈入更彻底的非层级化思维方式。

人人皆可练习

本书所涵盖的七大板块的实践练习适用于所有的组织形态。这七大板块的实践练习皆是从个人层面开始切入，并从个人开始培养非层级化思维方式。这些实践练习有助于我们在组织中展现出个人特色，但又并非格格不入。相比之下，在生活中我们已然对这些行为方式耳濡目染，现在只不过是将其带到工作中，用恰当的方式处理工作。七大板块的实践练习具体如下：

（1）自治：找出我们想要做或需要做的事。

（2）目的：向目的看齐而非满足个人私心。

（3）会议：引入多方参与的会议。

（4）透明化：共享、互信。

（5）决策：让所有人的声音都被听见，让所有人的行为都被关注。

（6）学习与成长：超越个人局限性，保持不断成长。

（7）关系与冲突：培养与同伴的关系。

不断反复地练习将有助于自组织开启一段正常的、健康的组织之旅。

人人皆有各自的起点

如果你是管理者，那么你的挑战或许是创造机会让其他人发挥个人领导力。你的影响力有时远甚于你所想象的。如果你习惯于发号施令，那么你需要后退一步，空出位置给其他人，并支持他们发挥个人领导力。常思考这么一个问题“如何让我的视野、技能及策略被组织接纳，同时如何让其他人也能同样被组织接纳？”作为管理者，你有一定的权力创造机会让下属进行非层级化实践练习。

如果你不是管理者，那么你的挑战则是要向前迈一步。或许你已经习惯等待其他人来替你做决定，但实际上有很多小练习是可以帮助你培养水平化行为方式的。这些练习要求你迈出舒适区：敢于发声、提出方案，行动起来。要学会将组织的权力架构为你所用，也要学会评估何时该放手。当你以非层级化的思维方式看问题时，你将处在一个完全不同的意识框架中，这意味着如果你注意到有事要做时，要么是找到方案去推进，要么是放弃。你会觉察到“批准的文化”已经成为你思维方式的一部分，当你觉察到这一点时，实际上已经迈出了第一步，同时又促进了个人领导力的发展。

跨越两种范式

在我们的家庭、社区以及工作中，每个人或多或少已经在践行各种各样非层级化的练习，只不过没有意识到而已。毕竟，自组织也是人类天性。你会发现本书中有很多似曾相识之处，我们只需将这些习以为常的方式带到工作中即可（当然要适当调整以符合工作场景）。这些实践练习或许已被我们所营造的组织文化和体系结构所淹没，但我们可以在工作中重新启动并随我们的业务一道成长，就像我们一边骑自行车一边造自行车，虽然有点混乱，但没关系！

可能你会发现自己需要同时进行垂直化实践练习和水平化实践练习，你的这两个世界是并存的。只需深吸一口气，然后接纳它即可。要从根本上进行改变，是需要同时踩在这两个世界之中的。

在工作中刻意地进行非层级化练习，也有助于我们更好地在生活中感知并接纳它们，进而使其得到不断深化。可能你会注意到自己参加过的专业社群或非正式团体也在使用非层级化的方式。先保证有一个空间是可以进行实践练习的，之后会滋养出更多空间来的。一旦你期待并渴望在生活中的非正式空间进行非层级化的行为方式时，那么你就可以在那些空间中开始非层级化的练习。[11] 当你开始带着水平化的眼光去看生活中的方方面面时，你的练习机会也会越来越多。当个人练习不断地得到强化并且练习机会越来越多时，你就越有可能在工作中进行相应的练习。那时你会见缝插针地进行相应的练习，并将它们的适用范围不断扩大。这些练习就像吸收了阳光和水的植物，会不断地茁壮成长。慢慢地，成功的水平化实践练习肯定会照亮你所在组织的未来。

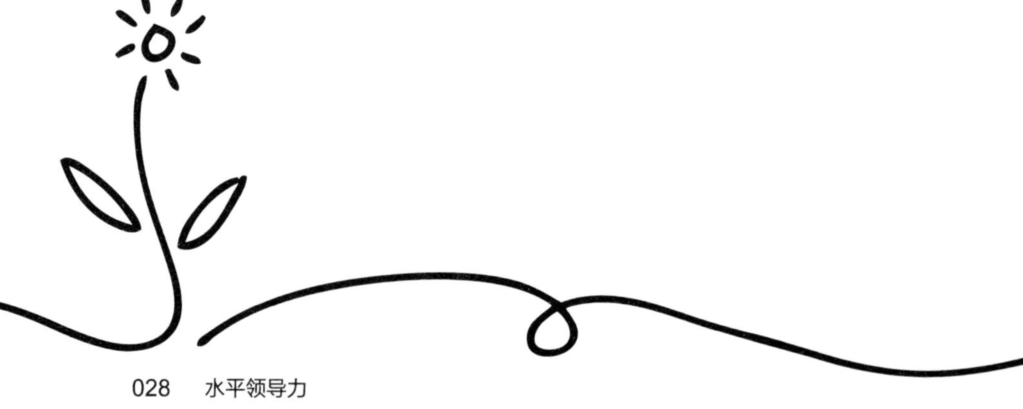

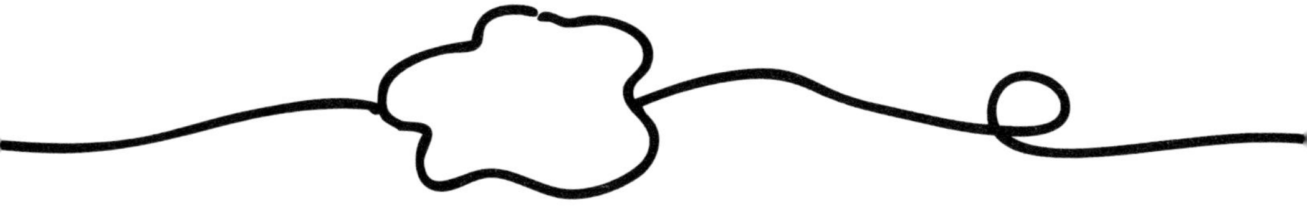

第三章

自治

主张个人领导力

操控让员工顺从，自治则让员工进取

丹尼尔·平克（Daniel Pink）

自治为何如此重要

自治作为一种能力，让人在规定的时间范围内进行自我管理，而非随心所欲，恣意妄为。在水平化文化中，信任是基础，即相信每个人可以管理好自己，并对组织和他人的利益负责。事实上，当员工连自己的时间和工作过程都不能做主的时候，很难让他们相信自己得到了组织的信任。大多数人不喜欢受制于人，相反，更喜欢自己做主。在水平化文化中，这是一种必备的能力。

职场业绩与员工信任相关联。职场自治为员工的工作热情与创新提供土壤，让员工感受到自己是宝贵的人才。微观管理只会让人不思进取、毫无生气；相反，只有将员工当作有能力、有才华的成年人加以对待时，他们才会积极进取、生机勃发。[12] 通过自治，有助于培养出这样一种思维方式，即同事之间会更加积极地参与到彼此的工作中，而且决策时也会始终以公司的利益为前提进行决策并对此负责。如果想让你的同事们更积极主动地工作，并始终以公司的稳健发展为前提进行决策并对此负责，那么，实行自治吧。人们会奋起成为他们期望成为的贡献者。或许你担心有人会不守本分、钻空子，甚至不顾组织的安危。事实上，过往经验告诉我们，这些顾虑是多余的，当松开操控之手时，释放出的恰是人的潜能和创造力。

中型企业的老板如果有事必须外出一段时间，他们会发现自己不在的这段时间，员工也能将事情做好，并不需要任何人的控制。[13] 自治也有助于企业吸引和留住员工。自治对于员工的身心健康来说是关键因素。但我们当如何建立自治呢？有哪些低风险的方式可以让我们放弃控制？又有哪些实践练习可以帮助企业在自治的情况下维持或提高业绩？本章，我们将探索四种自治实践练习：①在工作地点和工作时间内进行自主管理；②自行组织各自工作任务；③承担责任并解决困难；④给予更加灵活的角色和职责范围。全面拥抱自治需要匹配新的组织政策。本章将有助于你理解自治的潜在范围，这些实践练习也会有助于在你的组织中施行自治并将自治引入下一个阶段。

也就是说你可以先从小范围开始试练，慢慢扩大，直至覆盖整个系统。

人类具备自治行为能力

人类，是自主运转的。我们每天都会做家务杂活，比如把垃圾拿去扔掉，买生活用品回来，或者支付账单。

我们天生擅长自治，既会规划假期又会翻新房子，还会管理自己需要去哪里，想要做什么，哪些是优先要办的事，如何与他人协作，以及如何管理自己的时间。我们做这些事完全不需要任何人监督，我们为自己的行为后果负责。

和搭档或朋友相处时，由于责任均分，就会出现互相提要求的情况。唉，我做了饭，那你是不是要洗碗呢？这可不是层级化动力。成功的个人动力艺术，是“成人—成人”的模式，是平级平等的。朋友或夫妻之间良性的关系应该是在没有人觉得自己被管理的情况下完成的。没有人喜欢被控制，就连小孩都会反抗大人的控制，捍卫自己的自治权。在我们的个人生活中，自治真是我们的核心价值并时刻在实践着。

自主管理工作时间和工作地点

当今职场变化飞速，技术让生产力的繁荣具有空前的弹性。人们对于工作时间、地点的预期也在发生变化。基于这种变化情况，自治的地点与日程是进行自治的水平化实践练习的好起点。要明确的是，自治的地点和日程并不是简单地让每个人按自己的意愿决定工作时间与工作地点。组织的限制应该决定每个个体在各自的场景中如何自治。也就是说，老板不应该决定每个人必须在何时何地工作，员工应该创造并进化出自己的体系，该系统对组织和个人都合理。就像水平化职场中的其他情况一样，为了实现水平化管理，组织需要一个实践练习体系，以此不断巩固其体系结构。

指导性原则

在自治的情况下，你如何确保专业行为？换句话说，“你如何才能信任你的同事？”以下三个实践练习可以帮你解决这个问题：

（1）组织先行。当个人偏好与组织利益相冲突时，组织利益是最重要的，应优先考虑。例如，即使有人是夜猫子，喜欢晚上工作，但也不能以此为由而不参加早上九点钟的项目会议。对团队来说最好是全员参会，哪怕他们可能更喜欢在其他时段开会。

（2）承诺对行为习惯做出改变。为了让自治发挥作用，每个人都必须调整自身的行为。例如，社交媒体的吸引力很强大，我们要承认自己是很难抵抗得住社交媒体的吸引，并向团队承诺，每天不会频繁地查看社交媒体信息。在团队达成共识和政策共创的情况下，作出这样的承诺，有助于改变原有的行为习惯。

（3）说明你的边界。明确地说明自己的边界所在，是自治成功运转的关键。例如，为了保护你的个人空间，可以明确说明自己在工作日的晚上和周末能做什么。如果有团队成员喜欢在周末工作，但其他成员并不喜欢，那就不能指望其他人在周末的时候及时回应需求。

越是自治的组织，越是对员工负责。要考虑如何让员工发挥作用，既能达到组织的需求又能维持他们本来的效能。

关于工作时间

某些行业对上班时间和空间有更多的限制，如零售业，一旦店铺开门，就需要有员工在场，而工厂则必须由员工来操作机器，那么就会要求实行 24 小时轮班制。自治管理的实践练习场所和时间由具体的工作性质所决定。水平化组织的定义是工人是实施打卡系统的人。比如，在西班牙的蒙德拉贡的工厂，这种自主打卡方式已经运行了数十年之久。那里的员工可自行安排工作行程，并且自行记录工作时间。[14][译者注：蒙德拉贡（Mondragon）创造了一种新的经济模式，它的活力、成长以及对一个地区的经济冲击可说是空前的。蒙德拉贡 已成为巴斯克地区的合作社系统的名称，是由一个在山区叫蒙德拉贡的小镇而来的，这个小镇就是第一个合作社的发源地。自从它在 20 世纪 50 年代成立以来，它的声誉传遍国际] 20 年前，我在公共部门就职时，员工在私人的电子表格上自行记录各自的工作时间。我们与老板约定：每周工作 40 个小时（平均），工作日时间从上午 7 点开始到下午 6 点结束。如果发现自己的工作时间累积超过 40 个小时，那么就需要主动去找经理协商解决办法。

在我们公司 Percolab，对工作时间没有强制性要求。每个人可以自由安排工作时间，这种程度的自治可以让喜欢晚上工作的人晚上工作，喜欢白天工作的人白天工作，每个人都可以在自己精力最好的时候工作。除了团队会议和项目分享会要求全员参与之外，夜猫子可以在他们精力最旺盛的时候工作。我们很开心能在同一个团队中实行这种自治。不过，在其他组织实行这种程度的自治显然是不合适的。因此，自治的程度要根据各自情况进行安排。

练习

列出你的组织的工作时间参数。你对工作时间是否有一个期待的自治程度？你的同事有吗？基于以上三项原则，你将如何增加自治的实践练习？

关于工作地点

对于工作地点的自治，这就要求组织具备相当的眼光格局，因为这与组织政策及办公环境设计息息相关。当然，这个方面的自治不能以个人的维度来进行管理，但如果组织寻求在组织文化中融入更多的自治与水平化实践练习时，个人是可以发挥作用的。有两种方式可以帮组织提高工作地点的自治程度，即办公室设计和组织政策。

越来越多办公室设计注重空间的多功能化，以增加人们工作时的选择，而这些空间也是组织提高自治的场所。

允许员工外出办公有助于公司和员工双方都受益。有些公司已经开始允许员工在家办公，员工在某些特定的日子可以选择在家办公，而组织也因此受益颇多，不管是生产力还是忠诚度都有显著的提升。[15] 有些办公室甚至撤掉了所有的约束。比如，某欧洲中小企业行政机构，有 60 个员工，他们让员工自行安排工作时间和工作地点。[16] 员工只需重点出席团队会议和交付任务即可。这条简单的指导方针已为组织注入相当大程度的自治，组织也因此可以轻松地吸纳人才。在 Percolab，所有人已达成共识，即每周平均有两天在办公室办公，每周出席的团队会议不少于 70%（可线下也可线上），如因故无法出席部分会议，则及时阅读相关会议纪要。

对于我们的工作时间和工作地点而言，要达到自治的效果，需要新型的个人管理实践练习。有些人工作量太大，经常早出晚归；这样的人，他们是无法适应因无须通勤而多出来的时间，并且还会为多出来的这些时间无须用于工作而感到愧疚。这样的人需要想办法让自己适当地休息，比如放一个计时器或有意识地出去走走。当然，有些人会故意逃避责任，所以这就需要把握自我负责的尺度。是不是可以安排一些新的行为方式，比如发晨间对话给你的团队，让他们知道你“在线”或者要求显示你在线的状态，可以明确告知其他人你是否有空。不得不承认这些实践练习确实很重要，和同事们交换策略也会有所助益。

练习

不管你在哪里工作，看看从工作的地点或休息的地点能否找出不同以往的体验。可能的话，可以试试到户外边散步边聊天地开会，看看那是什么感觉。

在工作时间和工作地点方面，你所在的组织是否有不合你意的政策？如果有，做个计划推动组织对此进行改变。

自主管理任务——看板

如果在生活中，我们知道自己要做什么，并且知道如何安排优先级，那么我们也可以在工作中如法炮制。在这个方面，技术行业已经有了长足的进步——“敏捷运动”，建立在清晰的目标、逐级递增的项目管理基础之上，个人完全可以对任务进行自主管理。虽然敏捷运动是从技术领域兴起的，许多相关实践可移植至其他行业。其中一个实践练习是使用可视化的共享工具自我安排任务——有个特别好用的方法叫“看板”。在这里我大致地画了一个基础的看板样式，接下来也会有更多关于看板工具的介绍。

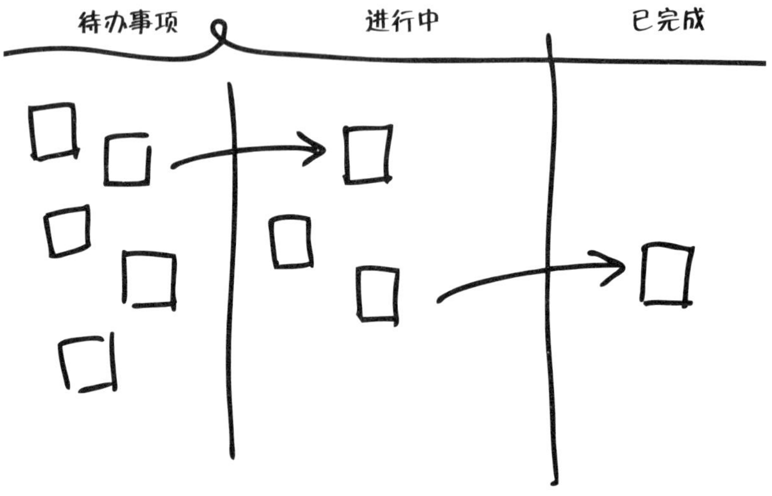

起先，在既定的周期内列出所需完成的具体事项。保证这个周期是可管理的，如按周规划，工作量适中。列完清单，再列一个图表，将其分为三栏——形式不限，不管写在纸上，还是写在电子表格上，抑或是在看板应用程序上，均可。接着，给这三栏分类，分别标上“待办事项”“进行中”和“已完成”。当你准备好进行某项任务时，就将其从“待办事项”这一栏里移动到“进行中”这一栏，当这项任务完成时，再将其移到“已完成”这一栏里。当你将其移到“已完成”这一栏时，会体验到成就感。

如果你想在团队中使用这个方法，有个关键的点，即确保只给自己分配任务，且只移动自己的任务，不然会导致整个方法失灵。这个过程会挑战你的耐心，但也会帮你重新建立行为反应。当然，不是说你不能邀请其他人来做任务，或是不让其他人知道未分配或未完成的任务与你的任务之间的关系，而是你要让大家明白“代表”是指每个人各自代表自己的任务。当项目进展到不同阶段，由任务所有者自行移动任务状态。

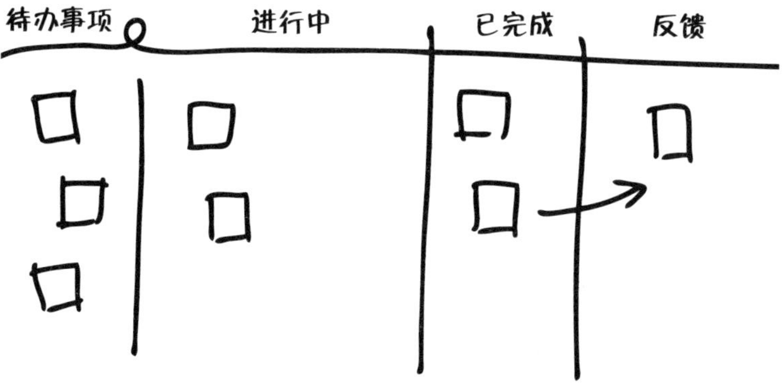

在这张表格的基础上亦可加以延展，例如，你可以在后面再加一栏“反馈”或“确认”（每个人仍旧都只允许移动各自对应的任务），团队成员可以在这条任务栏里明确要求他人“反馈”或“确认”。这样的话，同事们就能一目了然地知道要在哪里提出“反馈”或“确认”，从而确保项目的正常进行。

定期“站着开会”（做简报环节，每个人站着签到，阐述他们这一周都做了什么，遇到哪些困难或需要哪些帮助），这也是实践练习的一部分，可以每周一次也可以每天一次。

接下来进一步阅读看板上的内容,有助于你发现许多案例，人们有不同的看板设置方式及线上系统用以支持松散团队的自组织任务。这项实践练习要求团队成员的参与，如果你是在一个相对垂直化的组织中，那么你还需要管理层的支持。然而，如果你提议将其作为尝试性的方式进行，哪怕是在一个较大的垂直化组织中实施，依然有助于水平化思维方式的发展。

当我们第一次在 Percolab 尝试看板的方法时，为了防止我移动别人的卡片，全程我都压住自己的双手。移动别人的卡片会妨碍自治的进行。如果我们想支持同事们的个人领导力的发展，就必须停止对他们指手画脚。对大家是如此，对管理者更甚。

当我将看板的方法引入到蒙特利尔城市生态中心时，那时只有一个地方可以摆放看板，就是从接待区到办公区的楼梯井的位置。多年过去，当年的工作人员早已更换，然而当时的自组织实践仍保留在那里，那个大大的看板依然还立在楼梯井的位置。该实践练习的成效卓著，它让人更容易寻求帮助和提供帮助，哪怕管理层更换，也丝毫不影响它继续发挥作用。

在个人或组织中，都可以使用看板，而且方式多种多样。比如，可以用看板来管理商业线索和行政合同。

可以根据具体场景设置栏目。

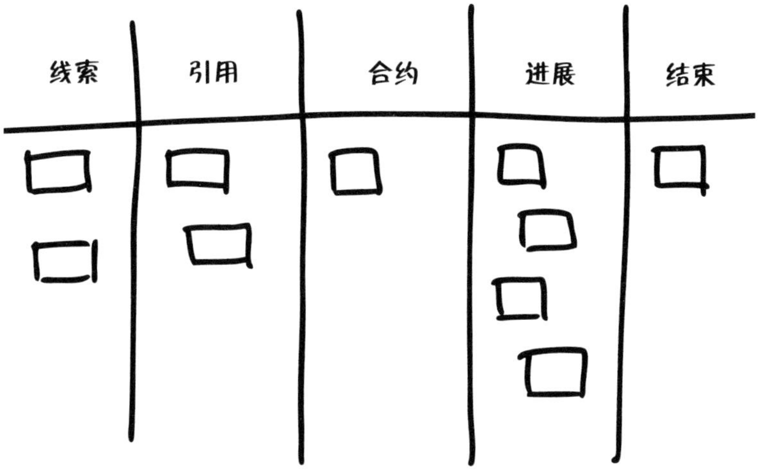

看板的精髓在于让目标变得清晰可见，即目标起到了指引的作用，看板上的任务卡则又显示了整个项目的进度和状态。但别忘了，在整个过程中，你只需知道自己的任务即可，不能对他人的任务进行干涉，更不能对他人指手画脚！

练习

想想看，你通常会将什么事委托给你的同事？如果让他们自己做决定，你会有什么感受？

承担责任

诚如我们所知，自治是在一定范围内有选择的自由，而非盲目放任，因此也就意味着自治必须与责任携手同行，没有责任就意味着没有自治，二者缺一不可。一旦放弃操控，允许自治时，人们不禁会问："可是，他们会承担责任吗？"在垂直化的范式中，管理，即实时监督以确保每个人恪尽职守。想想看，如果我们不再是对管理者负责，而是变成对同事负责，那么又会出现什么情况呢？如果练习到位的话，水平化文化中的责任感会比垂直化文化中的要强很多；如果练习不到位，则会相对更弱。

对于你所关注的事情，要勇于承担责任

以下实践练习有助于你将自己看作是组织中的活跃分子。如果你不是在水平化组织中工作，那么你首先要勾画出你能影响的实际范围：或许你能影响的范围非常小，但没关系。举个例子，如果你参与了办公室冰箱的管理，那么你就可以改变它的保养方式，又或者如果你参与组织会议，你可以影响它如何开展。

重要的是要有意识地自动反应，即当遇到某个问题需要改进的时候，又恰好在你的管辖范围之内，那么你就可以做出相应措施。典型的垂直化反应是每当遇到问题，就会变得沮丧，甚至唯恐避之不及，从来只关心自己的需求。而典型的水平化反应则是要求更好地了解问题。比如，当你对组织中的会议文化感到沮丧时，你可以这么做：“为什么会议是这样进行的？这种情况持续多长时间了？”接着，你可以将自己作为该问题的贡献者，比如：“我能为会议做点什么？有什么是我想尝试的？”当你从这个角度去思考问题的时候，实际上你在让这个过程变得更加集体化，对那些处在困境中的同事也表达了尊重，同时又以贡献者的身份参与问题解决。当你以主人翁的态度去思考问题的时候，你就是在承担责任。此时，你将自己看作是与他们并肩作战的一分子，因为你已为自己争取到了推动问题解决的立场。

总结，将你自己看作是组织中的活跃分子。

- 主动了解问题，想办法理解问题产生的缘由。
- 将自己看作是改善问题的贡献者，而将别人看作是问题的所有者。
- 以主人翁的态度解决问题。主动提出质询有助于了解整体情况。你可以说：“我有个建议可以改善我们开会的方式。我之所以会提出这个是因为……”

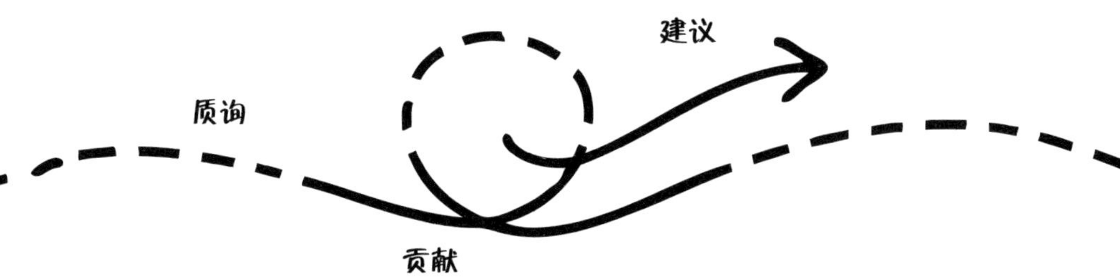

事实上，如果你并非在完完全全的水平化组织中工作，有些问题是超出你的影响范围的。对此你要么找到自己的平衡点，

要么从组织的角度继续推进。

练习

找出你工作范围内的三个问题。不嫌事小（实际上，从小事着手也将有所助益），对于每个问题，从上述清单中找出对应的责任思考模式（质询、贡献、主人翁精神或沮丧感）。你看到了什么？

寻找明确性

第二项关于承担责任的实践练习是主动地明确你应该做什么，以及如何做到最好。在垂直化文化中，由管理者做决定然后下发给员工，而在水平化文化中，则需要新的反应机制。当你面对“我应该做什么？”这个问题时，以下三条原则可以帮你明确优先级：

（1）关于组织、项目及角色的目的。着眼大局或思考预期效果将有助于避免出现找不到重点的情况。

（2）找到该领域中有经验的人，向他们寻求建议。水平化文化并不意味着你可以忽视经验和专业性，找到这些优秀的人并邀请他们加入。专家有可能在你的组织内部，也有可能在组织外部。

（3）与目标观众或用户对话。如此一来，你的提案将汇聚用户端的智慧和观点。

这些问题足以取代传统的垂直化交流渠道。即使身处垂直化的组织中，即使需要向管理者汇报，你也仍然可以参与到这些实践练习中；当你和管理者开会时，可以将结论引入到对话中。

在水平化思维方式中，个人在承担责任和找到项目明确性这两方面的练习是最微妙，也是最难培养的，但又是至关重要的。为了形成“成人—成人”模式的合作文化，就需要提高个人的思维模式和行为方式，警惕“孩子—成人”模式的长期影响。只有当这些反应培养起来之后，自治才能顺利进行。

练习

想想看，你近期有没有找老板寻求项目明确性和项目指导的情况。基于以上三点，你会怎么做?

将职位描述换成角色描述

职位描述早已深深植根于组织之中，如果对职位描述开刀，会招致不满：有些人并不喜欢做他们职位描述之外的事，而有些人则因为做任何超出职位描述的事都需要上级批示而对此感到不满。但组织可取消以传统的方式给每个人安排职位描述。事实上，对于组织来说，工作的内容肯定会变，对职位描述的规定甚至会造成责任感大打折扣。团队或组织可以用多种方式来分发任务，从而提高责任感和灵活性，即基于“角色”来组织人员的工作。比如，我们公司有一个角色叫“第一责任人”。这个角色就是要对公司收到的所有邮件进行负责，处理邮件上的所有问题。鉴于目的、责任以及相关流程都已明确地简洁地归档，这个角色就可以轻松地在员工中传递。以下三个实践练习有助于以角色为基础的体系结构更加顺利运行：

（1）自知什么是你应该做的。

（2）从所有者变成管理者。

（3）彼此负责。

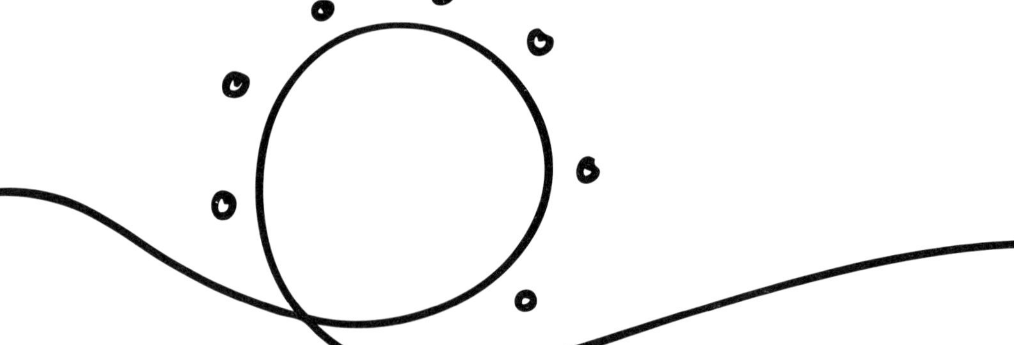

自知你所承担的角色

当组织转向角色时，这使得个体更加自知自己应该做什么。比如我以前工作过的一个组织，从以职位名称为体系结构（项目经理、协作者等）转变为以项目角色为体系结构：即负责运营的角色，要把任务完成，把问题处理好；负责战略的角色则是要对全局负责，以保证项目符合组织整体的战略；而负责行政的角色更多的是处理合约类及合伙人相关的问题。组织中不同的人也因此能够以不同的项目进行不同的角色分配。如此一来，组织就获得新的模块性与灵活性。实际上，每个角色都会被详细归档，并征得每个人的同意加到组织的明确事项上。从而让每个人更加自知各自所应关注的事项。

你需要了解以下三对矛盾的存在：

（1）你有能力做什么 VS 你需要做什么。

（2）你的优势是什么 VS 你想要学习的新技能是什么。

（3）你应该做什么 VS 其他人应该做什么。

角色的设立方式不一而足，体系结构也应该视组织需求而定。总体而言，一个充满活力的水平化组织会同时存在两种角色，即大众化角色（组织中所有人都同时具备的）和更有目标性的个人化角色。

这里以 Percolab 为例，看看所谓的“角色”应该是什么样的。

办公软件管理人员

- 支持团队顺利轻松地进行远程办公（在 IT 专家的协助下）
- 团队有一定的权限使用各种应用软件，并且已被归档
- 团队觉得这些应用软件简单易操作
- 支持新工具的决策过程
- 编写并维护使用说明书

将角色的指引管理得井井有条：所有事件实时同步

如果你想要一个完全基于角色的系统来进行更大范围的指导，那么可以参考合弄制。[17] 不管用什么系统，你都要继续面对这三对矛盾。

练习

思考你在组织中想做的事。思考你想做的这件事所面临的三对矛盾：能量 VS 需求；优势 VS 学习；你 VS 其他人。是不是清楚许多？

管理权 VS 所有权

角色并不属于个人，而是属于组织的。对所有权的反应进行解构需要花费一些时间。对许多人而言，身份和工作交织在一起。有时候，如果将角色或任务交给别人，自己就会感到不安；如果没有角色，那我是什么？要明确的是，角色不属于任何人，但也不意味着所有人可以担任所有角色。如果你发现自己将某个角色认为是“我的角色”，那是语义上的所指，此时你可能依旧陷在所有权的情境中。基于这一点，我们需用强烈的正式的指引来帮助我们建立新的习惯。以下这个方法是来自合弄制：

- 任何人可以修改任何某个现存角色的内容，任何人都可以创造某个新角色或取消某个角色。当然，前提是需征得集体的同意方可实施。
- 所有人确保所有的角色都被管理好。人人应对所有可能参与的角色负责。哪怕并非所有的角色时时活跃，也要让组织对每一个角色负责，以确保需要的时候，每个角色都能发挥作用。
- 任何时候，任何人都可以放弃一个角色。当这个体系结构投入使用时，“角色转换”会议必须常规化且要提前做好规划。

- 个人管理角色推动需求过程，确保角色获得它的潜能和目的。这些过程包括明确后续行动，阐释项目，确保项目进展，保持信息同步。

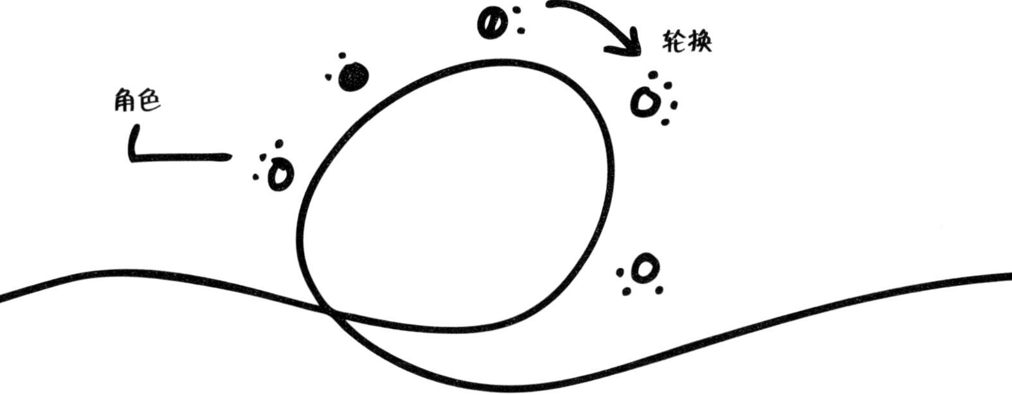

彼此负责

管理就是让自己和他人承担责任。作为一个被写好的角色，每个人都应该理解角色的重要性以及执行不到位会对组织产生怎样的影响。理想地说，一个角色内置 1 ～ 2 项职责。当某个角色没有执行到位时，你应该是有所察觉的。如果负责的人是你喜欢的人或者出发点是好的，此时你会怎么做？如果你具备水平化思维，那么就会看到一个健康的组织，不仅仅是可以接受某个角色的问题，重点还要说出来让所有人都知道这个角色的问题。说出来，让组织一起来解决。让彼此互相负责或许并不容易，但是我们有责任这么做。请保持对以下三件事的关注：

（1）角色的影响和对角色的评估。

（2）角色所需承担的责任和非个人所需承担的责任。

（3）通过建设性的评价和意见完善角色（而非指责）。

练习

如果你还在做职位描述的事，从中选出两个职能。说出职能对应的目的，并说明这两个职能为何如此重要。

当有人对这两个职能负责时，你是什么感觉？

小结

本章主要关注四项核心练习，这些练习有助于培养个体和集体的自治力。

（1）自主管理你的工作时间和工作地点。确保组织先行，对行为习惯做出改变，让他人知道你的边界。这些练习包括时间追踪和空间约束，有意识地培养对工作的节奏和需求的觉知力。

（2）自行安排你的任务（拒绝别人的安排）。使用工具，如看板，在工作中与他人协作，无须任何人委派。看板有助于让员工养成互相支持的习惯。当你想要对他人所做之事指手画脚时，你也要承认自己的这些行为反应。

（3）勇于承担责任。从内在开始转变，承担责任并培养反应，主动地说出你所面临的困境。通过叩问目的、寻求专家和用户的建议，从而更清楚地了解情况。

（4）围绕角色进行组织管理，并要求对彼此负责。超越职位描述，培养觉知力，通过角色了解对应的职责。将自己当作是为组织服务的管理者，而非某个具体任务的所有者。

当个体保持对组织关注时，自治即可实现。如此，信任和自由才会流动。

第四章

目的

看不见的领导

如果你想造一艘船，先不要急着鼓动大家去收集木头，也不要给人分配任务、发号施令，而是教会他们对浩瀚海洋心生憧憬。

安托万·德·圣–埃克苏佩里（Antoine de Saint–Exupéry）

“目的”为何如此重要

非层级化的工作文化并非是每个人朝各自的方向进发，而是大家共同服务于组织的目的。所有人将目的视为“看不见的领导”，且目的不仅仅是写在墙上的口号，更如灯塔般指引着所有人朝同一个方向前进。一旦组织（及其管理者）放开操控之手，那么对组织而言，其目的应当如水晶般清晰透明，唯此方可使团队实现高度自治与团结。在这种情况下，无须任何微观管理，且“成人—成人”模式的合作文化亦能生长。只要搞清楚“为什么（why）”，就知道“该怎么做（how）”了，从而还能判断某个想法对组织而言是否有价值：比如说，是否要签署某个合同，或是否需要调整某项规定。所有人以目的为指导原则思考问题。

“目的”的重要性不是仅限于组织层面，而是无处不在的。无论何时，当我们询问“目标是什么？”的时候，实际上都是在叩问“目的”，无论是生产某个新产品、完成某份工作文件，抑或是发布某份报告，在组织中几乎我们的所作所为均有其相应的目的。例如，财务仪表盘让组织行为有迹可循，团队聚餐庆祝项目圆满完成。水平化文化中，目的与每个人息息相关。就好比说，清理桌面不是为了让自己避免惹上麻烦，而是因为想为办公室环境尽一份力。“目的”的确定和推动并非只是公司高层的责任，而是每个人的责任，需由所有人共同推动，从而使之更加明晰化、有迹可循并且保证实时更新。无须盲目地遵守规定和流程、任务和命令，只要明白事物背后的原因即可。“目的”与其说是为了达成某个结果，不如说是促动非层级化的核心练习。

本章我们将重点探讨与目的相关的四项实践练习：①明确目的；②以目的为出发点邀请他人而非要求他人；③对目的负责；④向目的看齐。

始终以目的为指导原则思考问题

“你旅行的目的是什么？”请从“商务、教育、工作、快乐”几个选项中勾选你的答案。

我们只需不假思索地始终以目的为指导原则即可。假设你要租个房子，是为了生孩子之后住或是为了分手后自己住，不同的目的决定不同的结果。假设我认识一位专业调酒师，我会根据目的来点酒：“我想喝点酒放松一下。”你并没有跟调酒师说具体想喝哪种酒，只需告诉他你的目的就够了。我们知道如何区分“为什么”和“怎么做”。假如我的目的是让自己清醒，那么我可以选择健身、泡澡或购物。如果我想跑完马拉松全程，我就要让自己保持体力。如果我想要陪伴和倾诉，我会选择和朋友吃饭。

生活中，目的是如此混沌的存在，以至于我们不常意识到它在时刻影响着我们的行为。

明确目的

目的是我们带着意图去做事，这是所有事背后的原因，包括我们在何处工作，如何管理文件，何时去度假，以何种方式与同事交谈。一旦目的明确，就无须反复思考，否则只会不断内耗。然而，当目的不明确时，就会备受困扰，比如，如果我们要做份报告，有人会认为这份报告的目的是记录过程，而其他人可能认为这份报告的目的是提建议，还有人则可能认为这份报告的目的是建立信任感。当你对目的不甚了解的时候，可参考以下三种方法，这三种方法将有助于厘清你的目的，不管是用于个人还是用于集体，并且它们可以应用于公司层面的任何事情，从某个项目到参加某项会议写报告，均有效。

停下来倾听

有时，我们会因日日围着业务转而忽略了目的的存在。当你感到困惑时，先停下来，试着去倾听内心的声音，问问自己，此时此刻你的目的是什么？只需花点时间，适当地放松，让自己安静一会，就可以得到治愈。试想一下，当你想帮某人改进其行为方式时，与其浮在技巧和操作层面，不如问问“到底是哪些问题需要改进”或者“这个问题为何如此紧要”，记住，这实际上是在帮他明确需求。如果不将目的弄清楚，就是在错误的方向上浪费时间。

停下来

倾听

启发式思维

通常，用启发的方式有助于引导大家更好地领悟“目的”。如果你想清楚简要地表达“目的”，这个过程也有助于明确各种目的，如任务目的、项目目的或组织目的等情况。以下五种方法有助于领悟“目的”。

- 举一个实际案例，该案例要求目的性极强且意义深远。
- 初次与该任务 / 项目 / 组织接触时，你作何感受?
- 面对该任务 / 项目 / 组织时，你所看中的是什么?
- 面对该任务 / 项目 / 组织时，你觉得它有何潜力?
- 面对该任务 / 项目 / 组织时，你对它有何期待?

当你想到某件事时，第一时间把它的目的写下来，千万不要想太久，通常你第一时间写下来的这个目的会很有启发性。如果你和团队一起做这个练习，那么不要设限，让大家自然涌现，如此一来，能量会越来越强，方向也会越来越清晰。

追根溯源

“目的”的本质在于激发创造力。当某个新项目、新规定、新流程、新产品问世时，其最初诞生的时刻通常是在其目的鲜活又清晰的时刻。若要明确目的，不妨常追根溯源。

练习

找出组织中目的不明确的情况，从以上三种方法中选出一个来帮你明确目的。

邀请而非要求

大部分人喜欢被邀请做某事，而非被要求做某事，这一点往往在组织中容易被忽略，而在水平化文化中则是根本素养。当你邀请他人参与某事，可将“你必须做这件事”换成“我邀请你做这件事，是因为我们现处在 A，我们的目标是 B，我有明确的方法让我们完成从 A 到 B。”说到为何要对权力保持清醒，是因为命令他人与邀请他人的结果是完全不同的，邀请他人一旦对方同意则意味着他们会主动完成任务，而命令则不然。在组织中不管担任何种角色，均可转变成邀请的思维方式，由个人决定是否参与其中。当目的明确时，开放邀请和个人领导力即可践行。

让大家自主选择是否做某事，这听起来有点疯狂，前提当然是目的明确，不然就乱套了。比如有同事问我是否能稍停一会帮忙清理员工公用冰箱，我可能会说不能，因为我还

有别的事要做，而且我也不怎么用冰箱。但如果有同事跟我说有人想给大家做蛋糕，但得先将冰箱清理干净，才能做蛋糕，那么我会很乐意帮这个忙。或者，她跟我说原本经常清理冰箱的人前段时间休了一个月的病假，隔天就要回来上班，可现在冰箱一片狼藉，其他人又都去开会了，问我能不能帮她一起清理冰箱，她给的这些信息有助于我决定要不要帮她一起清理冰箱。水平化文化为每个人创造条件发挥各自的领导力，让每个人带着明确的目的邀请别人参与工作。这项练习让我们可以向他人说明做该事的理由并邀请对方参与，而不是期待他人简单地执行。

假设我现在帮客户重建组织，之所以会找到我们，是因为他们想要让组织重建的过程以集体化的方式进行，而非管理层直接干预。我给他们解释了一下，这个过程需要以邀请制为基础。所谓的邀请制即：

这里是XX公司，我们将要对现有的组织体系结构进行优化。10年前，我们问自己“到底我们想要的、我们需要的和我们理想的组织体系结构是什么样子的？”10年的时间，我们公司的规模已是当年的三倍，公司在发展，管理层的观念也在改变，确切地说我们需要一个可以带我们走向更远未来的体系结构，与我们的真实情况相匹配。当然这个过程，我们希望邀请所有人参与共创，而不是由管理层自上而下地推动。也就是说，所有人可以自主决定是否参与此项变革，抑或是作为支持者，配合其他同事。想参与吗？如果想，咱们午餐时间碰面开会。

如果你想参与其中，那么欢迎你来。如果想参与又来不了，欢迎告知我们。

邀请的动人之处在于别人可以说不，让被邀请者可以清楚地知道所做之事的条件和预期。邀请更像是一个提醒，有些事对你来说优先级靠前，而对其他人来说却并非如此。因此，重点是要和同频的人一起工作。

练习

找一件你想让别人做的事，可以是大事也可以是小事，以邀请的方式，明确告知对方做这件事的目的，如果对方拒绝你的邀请，你将作何感受？

让目的保持在正轨上

在垂直化文化中，组织目的也会被抛诸脑后，尤其是当所有人默认维持组织目的的责任在管理层时，甚至当大家已然知道组织目的令人产生困惑的时候，也不会有人站出来指出其令人困惑之处并推动使之变得更加明确。相比之下，在水平化文化中，所有人共同努力确保组织目的保持在正轨上，任何人都可以对此提供支持。事实上，所有人都有责任这么做。以下三个方法有助于让组织及其目的保持在正轨上：

（1）接收信号。主要练习接收信号，针对组织目的不明确的情况。当出现诸如沮丧、逾期、过度沟通以及焦虑的态度等

信号时，均需从解决目的的明确性入手。关注这些信号，你要主动发挥个人领导力，这对组织而言是贡献也是关爱。如果你在工作中发现了这些信号，一定要告诉其他人，这将有助于整个团队一起进行接收信号的实践练习。

（2）区分组织目的与个人偏好。有时候会面临在组织目的和个人偏好之间做选择的情况。在这种情况下，通常是以组织目的为重。如果发现你个人更想换一种方式进行而不想听取别人的建议时，你也不必纠结，如果更大范围的组织目的还在轨道上，那你就没有理由干涉或改变现状。

我重新调整

（3）发挥个人领导力。当你发现目的不明确时，那就想办法让目的变得明确。如果你能及时发现目的偏离正轨，那么你其实也是在提醒自己和周围的人，组织的真正目的是什么。为了做到这一点，你要时刻关注组织的真正的目的是什么，且不带个人偏好。

练习

想想过去几周里，在哪些时刻你发现目的偏离了正轨？回想你当时的反应。下次你会有所改变吗？

向目的看齐

当人们明白为什么要做某件事并以此为指向时，他们就会积极地参与其中。如果你主动地向目的看齐，就会积极地付出努力。当人们不以目的为指向时，情况则完全不同。有个危险的信号就是当人们说“我不得不……”的时候，这就意味着此人感觉自己在服从某个命令，而他自己并无其他选择。

培养向目的看齐的自我意识，这本身也是练习之一。如果你对自己的立场一无所知，那么你就会被卷入某种响应式或防御式的思维方式，这对你的注意力或组织都没有帮助。可以用这个方法来检验：你是否发现自己在说“我在做这个项目”“我不得不做这个项目”？如果你认为这个项目有价值，你会感觉到自己是沉浸其中的；如果你认为它没有价值，你或许会吝惜自己的投入。记得进行自我评估，看看自己是否向目的看齐，主动参与其中。

抵达

一旦你养成了主动向目的看齐的自我意识，就会有意识地向前推进。你有三种选择：

（1）接受目的。即使你与目的不在一条线上，但依然可以选择接受目的，并与之和平共处。我有个朋友，从事金融行业，他在他的电脑上贴了一张纸条（“我选择在这里工作”）作为日常的提醒：自己有离开的自由，而非囚徒。他选择在这个地方工作，如果离开了他也会承担后果，他是有选择的。这和目的有什么关系？大家越是向目的看齐，越是能感受到个人的力量感。

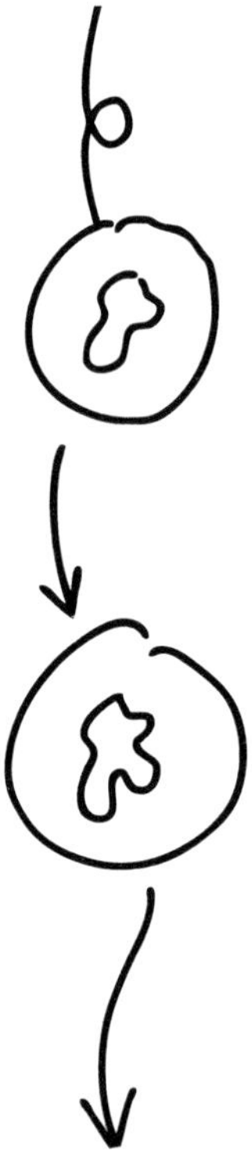

（2）干预修改目的。如果你与目的不在一条线上，可以通过召唤个人领导力帮助你与目的保持一致。最近的培训，我遇到了一位成功且进取的职业经理人，她正在面临一些重大问题。这位经理人是一家非营利性国际组织的新晋总监，这个组织有着非常美好的目的，目前在以层级化的方式进行管理。她个人认为目前这个组织的这种层级化方式不是很妥当。在她看来，组织的目的和组织文化相脱节，因此她想推动组织文化与组织目的相匹配。同样地，你也可以这么做，哪怕是从更低维度开始。举个例子，如果你觉得组织的目的与组织政策之间关联性不大，那么你也可以提议对其进行调整。

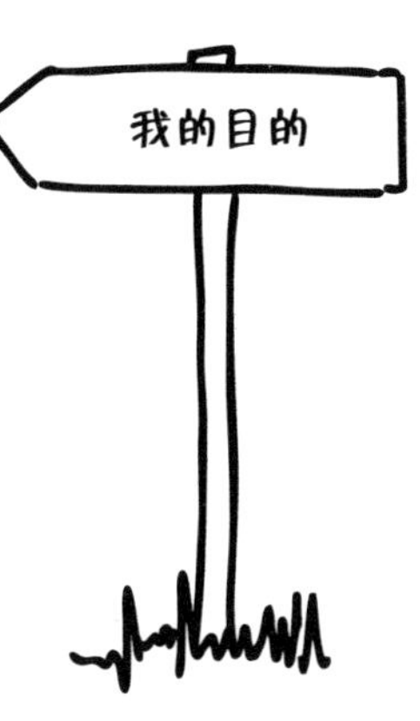

（3）另辟蹊径。“此时此刻我觉得做哪件事才是对的？”这是弗雷德里克·莱卢（Frederic Laloux）——《重塑组织》（*Reinventing Organizations*）作者，在蒙特利尔活动上的发问。[18] 这个问题呈现出另一种看待目的的方式。在面对“我的目的是什么？”这个问题时，请先抛开寻找其答案的压力，将该问题带到此时此地，如此一来，你就可以让这个问题变得更加触手可及、更加胸有成竹，也因此让人尤为战战兢兢、如履薄冰。

组织目的越鲜活，邀请的力量就越有助于你与该文化保持一致性。但如果你发现自己与目的之间并不相匹配，则可设法另辟蹊径。我有个朋友是某建筑师事务所的合伙人，很不错的工作，但遗憾的是这家事务所并没有向目的看齐。虽然实行的是合伙人制，但它的合伙人是客户，而非员工。我这位朋友离开这家事务所之后，自己开了家公司，目的是：“通过合作共同打造建筑环境。”这个案例说明，对有些人而言，只要另辟蹊径就会进步。

练习

想想看，你在某个组织或项目中所担任的角色，其目的是什么？如何与上述三个选择保持一致性？你的方法是什么（接受目的、干预修改目的、另辟蹊径）？

组织的目的

最后，我们来看看组织目的：非层级化组织的目的不是让所有人高兴。换句话说，让所有人高兴不是目的，而是一个顺带的结果。组织仍旧需要有更深层的目的，是能够在商业上实现的一种目的。通常，目的会被表述为愿景或使命。然而“愿景”和“使命”这两个词更聚焦于组织内部的目的，无法涵盖超出组织范围的更宽广、更深层的部分，因此在这里我选择用“目的”一词来表达。近年来，目的驱动型组织的概念越来越流行。事实上，很多公司所表述的使命并不真如他们所预期的那样在推动并指引着组织。[19]组织更是迷失在自保与盈亏之中。相比之下，目的驱动型商业（也叫意识商业）能够激发人们贡献的意愿。

找到组织目的所面临的挑战。ET集团是多伦多的一家技术公司，是我们的合作伙伴。他们的使命是“更好的环境、更好的交流”。后来他们发现这个目的不足以带着组织走向未来，于是就开始对其进行修改。现在，他们的新目的是：“释放协作的潜能——形成公司间动态合作机制。”现在的这个目的就可以驱动公司进入下一阶段了。

当组织明确地专注于目的时，会发现组织间的竞争也属于

练习

你的组织目的是什么？该目的是否具有生命力？是否具有指导作用？

发展变化中的一部分，而且他们正朝同一目标努力。如果是这样的话，那么组织间寻求联结与合作则是在情理之中。

小结

这些练习，你可以独自实践以强化你个人的目的驱动型思维方式，同样也适用于你的组织，从而培养目的驱动型组织：

（1）明确目的。你可以只是简单地停下来倾听，从中获得启发，或者追根溯源释放创造力。审视主动性发生的时刻，了解目的的本质。

（2）邀请而非要求。目的的本质是让人下意识地决定是否要主动参与其中。由个人自主决定有助于让个人从组织义务中解放出来，而这种所谓的“义务”也是垂直化文化的一部分。

（3）让目的保持在正轨上。时刻关注组织中的信号，这些信号会提醒你目的已经偏离正轨，要区分个人偏好与组织目的，投入个人领导力。

（4）向目的看齐。确认自己是否主动地向目的看齐，有助于培养自我意识，也有助于在可选择范围内下意识地做出选择：接受目的、干预修改目的、另辟蹊径。

（5）与组织目的联结。组织的目的既不是让员工快乐也不是简单的有利可图。在组织的范围中可以由目的驱动。人们愿意为目的驱动型的组织工作并作出贡献。

第五章

会议

责任共担

做好自己，多成事。

安娜（Ana）

共同管理会议为何如此重要

会议是组织文化的主心骨，对组织整体的愿景和发展有着至关重要的作用。水平化组织之所以充满活力，关键在于有一套强有力的实践练习，并在这套实践练习的指导下形成其特有的会议文化。在会议上不仅仅可以把事做成，也可以帮助组织建立信任与关系。当会议的相关事项与最终决策成为所有人共同的责任时，此时的会议就不是在耗费大家的时间，而是在推动组织前进。

本章将通过实践练习拓展团队会议的责任，其中包括会议发起人、集体总结、巧用沉默与空间这三项内容。不同的组织有不同的会议文化，请根据各自的特点选取练习方式。

关于法律约束：第一，受法律约束的典型应用场景一般是以正规的管理层会议为主，如全体股东大会和董事会会议。其他类型的会议，如委员会会议、团队会议和工作会议等则不受法律约束。第二，在受法律约束的会议中，不对会议流程做具体规定。投票权并不决定如何做出决定，记录会议纪要的义务并没有规定应该如何记录。因此，对很多组织来说无须按照正规的会议文化来执行。接下来，让我们通过以下会议练习，培养水平化思维。

共同管理会议是人的天性

在生活中，我们也会一起“开会”，比如先约好“开会”时间，再确定“开会”地点，可以是线上，也可以是线下，如咖啡馆或公园。总之，我们总能把“开会”这件事安排妥当。当我们收到邀约时，通常是自行决定是否出席，甚至还有“会议”流程引导生成会议结果。当你约朋友“开会”时，可以说：“嘿，我们碰一下周末的出行安排吧。”就这样，“会议”目的直接脱口而出。在我们直奔“会议”主题之前，通常会跟对方先聊一会儿，比如分享孩子们的近况、假期的安排、人际关系等等，凡切合时宜的内容均可。我们在意人人都能被倾听，我们自然而然地决定是否采取行动、是否明确最后期限，我们甚至还要处理金钱的问题。总之，我们会一起“开会”。生活中，人人都有领导力，没有绝对的“主导者”。一旦有人想做“主导”，通常大家会说他“爱发号施令”。

但凡提到“开会”，我们整个人就会瞬间紧绷，总感觉得表现得“专业”一些，与此同时，也就不自觉地丧失了协作感。本章我们将重点讨论职场中的各种会议练习，这些练习主要以协同合作的会议练习为主，将有助于我们以自在、欢喜的方式完成任务：一起明确目的，先“签到”再“开会”，平等地分享，分小组讨论，巧用沉默提高工作效率，设置议程，自主决定是否参会，共享文档、善用空间支持会议的共同管理，实行会议协调者轮值制。

一起明确目的

在会议开始时，全体参会人员务必先一起回答两个问题：①为什么要开这个会？②会上要解决哪些问题？一般情况下，我们会默认大家对这两个问题心知肚明，因此往往会跳过这个环节直奔主题。而事实上，如果想让会议更顺利地进行，那么这个环节就必不可少。只需拿出一分钟的时间，说明清楚“为什么要开这个会”以及“会上要解决哪些问题”即可。如果省略这个环节，那么所有的水平化练习效果均会减弱。只要说明清楚目的，任何人均可提问并进行答疑解惑。所有人在信息对称的情况下即可共担责任并让会议顺利进行。如若你有意让团队成员共同管理会议，那么这项练习是基本要求。

练习

回想一下你最近参加过的某场会议，一开始是否将目的表达清楚？对会议的预期是否也表达清楚了？

先“签到”再“开会”

签到是会议练习中必不可少的环节。简单地说，签到就是“说说你当下对这个项目的感受”。签到有助于让所有人集中注意力、认真倾听，营造融洽的氛围，从而使会议讨论更有成效。不仅如此，签到还可以帮助大家打开思路、激发灵感、打破思维定式，甚至将问题摆到桌面上讨论解决，否则可能引起不适且大家都闭口不谈。

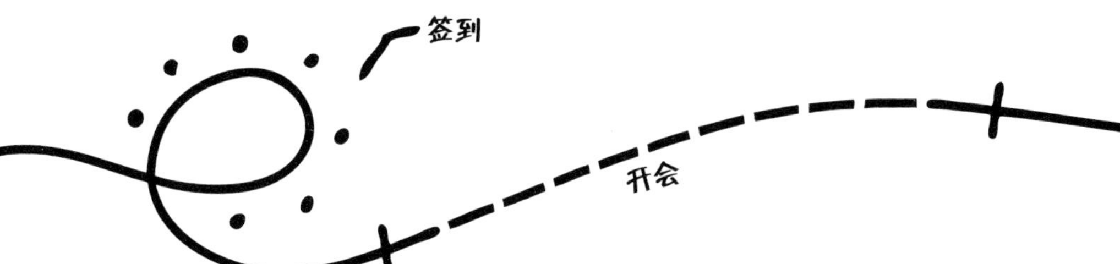

签到练习的三个重要环节：

（1）所有人只从个人经验角度发言。签到环节不是推理或分析的环节，而是让每个人表达自己的所思所想。此时，每个人只需关注自己，从个人角度出发，尽可能坦诚地发言。

（2）不对话。别人发言时，请安静地倾听，并始终保持对会议主题本身的关注。“不对话”是需要训练的，毕竟我们平常习惯于对别人所说的话作出回应、表示同情、提出质疑或提供支持。本环节要求学会倾听，安静地接纳其他人的发言。签到不是开会，无须对话。

（3）签到时长视情况而定。签到环节所需时长并无固定要求，视情况而定。比如在要求创造力的工作议题上，签到环节需要多花点时间，可能会占用会议的一半时间，因为这个环节需要发散思维、头脑风暴，往往会碰撞出灵感和火花，而在常规工作议题上，签到环节则所需时间较短。因此，具体视情况而定。

签到环节有助于让参与者专注当下，因此要着重思考如何“邀请”而不至于流于表面。提问是一门艺术，要求在恰当的时机，针对具体的人员，根据特定的目的或现场气氛，提出合时宜的问题。以下举几个“签到”常见问题供你参考：

- 某个事件发生时，比如有同事离职，可以问：“我们放走了什么？”
- 团队感觉有压力时，可以问：“今天我要让自己不受哪些事务的影响？”或者“此刻，你们想了解我什么？”
- 团队面临问题时，可以问：“最近让你们比较崩溃的事是什么？你们是如何克服的？”
- 团队想在某个话题上发挥创造力，比如关于培训的话题，可以问：“讲一个让你们印象深刻的培训，并说明为什么？”

在 Percolab，如果会议时长预计是两个小时，那么我们会花 20 分钟的时间签到。在签到环节，所有人都要回答一个问题：

“你今天带着什么能量来的？”之后，我们会正式进入到会议环节，高效地解决会议既定内容，如：收购问题、合同协议、交流沟通、品牌和定位等。

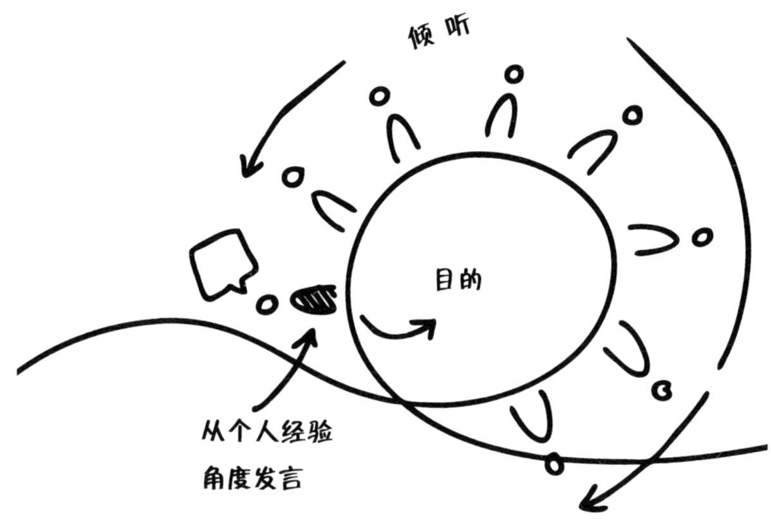

切记，在签到环节一定要忍住对其他人的发言进行回应。

练习

尝试征得会议协调者的同意，在你们接下来的三场会议中加上签到环节。

平等地分享

走向水平化意味着每个人在会议上的发声都得到同等的重

视。鉴于我们固有的习惯和倾向，这件事做起来可没有说得那么容易。以下四个练习有助于你在细微处获得更多的平等。

（1）保持同等的真实与开放。如果有人正在分享他们真实的想法，这时哪怕你有想法也一定要忍住，耐心倾听，不要评论，等轮到你发言的时候再说出你的想法。

（2）让人人为自己发言。当你发言的时候，请从你的角度发言，也让其他人为他们自己发言。在这个过程中，不要说什么“我同意其他人的说法……”或“……是对的”，你可以说，“对我而言”或者“我认为……”。

（3）如果你是会议协调者，请及时总结并安排其他人轮流总结。通过总结其他人的观点和看法，你可以在会议上给自己和其他人授权进行发言。切记，在总结之前，务必让所有声音都被听见，包括你的声音在内。

（4）让会议记录可视化。可视化记录，即在一张表格上或白板上或大张的纸上，将会议过程一一记录，让参会者一目了然。可视化记录不仅让所有人的观点一一得以展现，同时也会有助于集体智慧的生发：当所有人

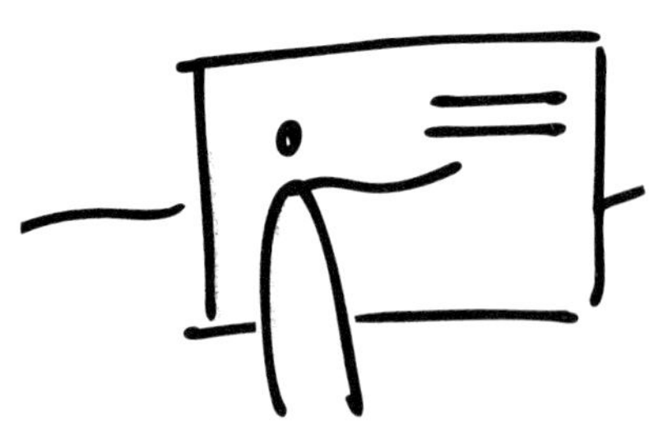

坐在一起平等发声的时候，就会激发全新的观点和想法，这就是创新的过程。

练习

下次开会的时候，认真观察自己是从个人经验的角度发言还是总结别人的观点。这个过程中，你发现自己说错了几次?

分小组讨论

由于某些原因致使我们很难在开会的时候分小组讨论，但我们又很清楚团队会议进行不下去的时候多半会出现这几种情况，如对话内容令人昏昏欲睡，有人开小差，发言的总是那么几个人。这时候，大家心知肚明，这么讨论下去不会有结果，但就是没人站出来提议分小组讨论。其实只要简单地说：“来吧，我们分小组讨论 15 分钟，再回来分享。”问题就能迎刃而解，但就是没人带头做这件事。如果你是水平化思维，为了让会议顺利进行，会很自然地提出分小组讨论。

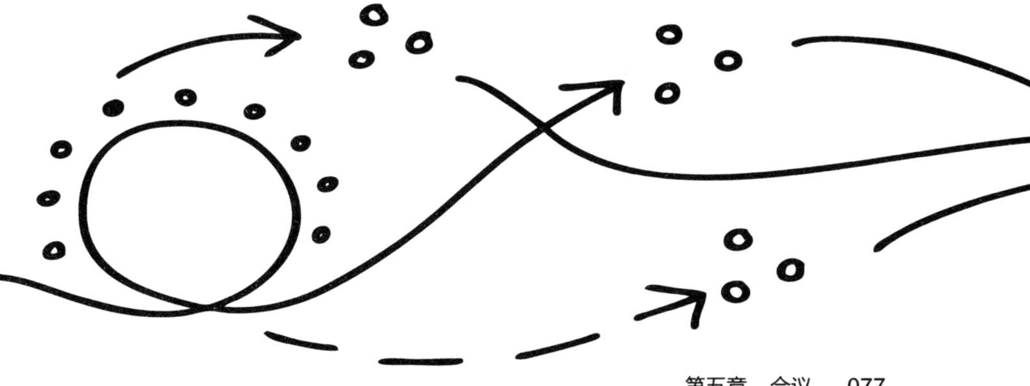

我参加过欧洲科技合作联盟（European Cooperation in Science and Technology Association）的一次培训，员工们以 10 人为单位进行主题讨论，其中有个团队又自发地分了小组。分小组听起来是情理之中的事，但在现场却很难做到。显然，当我们回到团队中分享讨论结果的时候，那个分了小组的团队完成的工作是最多的，甚至开始起草可执行方案。而且，这个团队的成员看起来最有活力。在大团队中，很容易出现内耗，因为团队规模太大致使无法完成既定工作。

那么，我们如何知道何时应该分小组讨论，何时又该将大家重新集合在一起呢？我的答案是听从你内心的声音，稍加考虑就会发现分小组在何种情况下会奏效，比如当你发觉会议很烦人且无效的时候，可能意味着大家并不在状态，那这个时候就应该分小组讨论了。

练习

下次如果因团队规模太大而无法有效地进行工作时，你可以自发地将团队分成若干个小组。确保有明确的目的和时间限制，这样大家可以自行组织，并再次确保最后团队可以共享成果。

巧用沉默提高工作效率

生活中，我们寻求并珍惜平和、安宁的状态，而工作中，我们却要对结果负责，因此，我们想当然地以为“沉默”无用。事实上，沉默是有用的，不仅可以让我们透过现象看本质，还能让我们看到更真实的自己。研究者罗伯特·斯塔尔（Robert J. Stahl）提出“思考时间”，认为沉默的重要性在于让大脑有时间处理信息和感受。[20] 如果某个会议面临严峻问题，沉默意味着大家可以深入思考这个问题。由于我们不太习惯沉默的状态，因此有人会将沉默理解为“有问题”或“没人站出来”，所以他们就会开始说话，但沉默确实可以帮到团队。我们可以帮其他人适应沉默带来的不适感。

沉默时刻

任何工作场景都可穿插“沉默”环节，比如，当邀请同事分享观点时，你可以说：“咱们先沉默 20 秒，认真思考这个问题，然后再分享各自的观点。”一旦这么做，不管是倾听还是表达，整个对话的质量都会有所提高。或者下次开会如果出现默不作声的情况，你可以温和地提醒大家，因为适当的沉默对工作也是有益的，这么一说即能避免尴尬。又或者发现某人有情绪，也可以邀请大家沉默定神。甚至还可以邀请每个人闭上眼睛冥想片刻，想想这场会议或这一天的收获是什么（当然，不勉强其他人）。闭上眼睛有助于让我们达到“沉默”的状态。你会惊奇地发现，大家真的很喜欢在工作时有沉默的时间。

练习

开会时设置全体沉默环节。在对话开始之前，让大家安静地思考一会，并告诉他们这么做有助于将注意力集中在集体目的上。

设置议程

在水平化文化中，未必人人都对开会内容了然于心，因此会议议程通常是大家共同讨论的结果。不仅如此，议程的设置方式也会让开会过程更加有的放矢。会议环节可分为三类：①反复出现的会议环节；②会前设置议程的会议环节；③会中设置议程的会议环节。水平化文化中，尤为注意开会环节的设置方式。

反复出现的会议环节，也就是开会时习惯性出现的某些环节，不仅有助于增加仪式感还能节约时间。比如，站着开会（站会）可以让会议简短高效。开会的时候所有人站着，每人一分钟时间发言分享：①昨天做了什么；②工作状态如何；③今天的工作是什么；④哪里不顺或需要帮助。

让某些会议环节反复出现也有助于组织中新文化的练习与实践。比如你想培养组织中的反馈文化，那么在会议中设置反馈环节，并在每次开会的时候重复这个环节。对此第八章将有专门的练习。只需稍加练习几个月，即可形成新的文化。

在传统的会议中，会议协调者通常会在最后留出时间讨论“其他事务”。不出意外，“其他事务”这个环节是会议过程中最不受限制的环节。在特定的情况下，还可能在会中设置该环节全程开放讨论。在会中设置议程要允许灵活性与结构性并存，也要为议程的设置选择恰当的时机，对于时机的选择，建议：如果是关于执行及后勤，或是其他事先知道的话题，那么就适合在开会前设置好会议流程；但如果注重创造力、创新力和学习力，又或是无法提前说明的情况，那么就要在会议开始时设置会议流程。

若能在恰当的时机设置合理的会议流程，对于整体的开会效果无疑是如虎添翼。若能给到彼此空间并以邀约的方式让大家参与进来，大家也能优先讨论组织所关心的事项。在事先不知情的情况下发言势必会令人无所适从，但同时也会让整个过程充满活力，有可能培养出信任他人的能力。

如何在会中设置会议议程？推荐一个方法，我称之为“敏捷议程法”：

（1）明确会议主题：比如，项目管理学习、商务拓展或运营优化。这类主题可在会前分享。

（2）会议开始时，邀请所有愿意参与讨论的人员，在白板或纸上写下各自的名字、议题、所需时长，以及人数要求。写名字是让每个人负责协调对应的议题。

主题：从工作中学习

姓名	主题	分钟	人数
Jolene	客户品牌建设：Acme Corp.（公司）事后评估	10	2
Adam	会议流程	5	全员
Serena	联合办公空间的宣传	5	4
Jenny	我在瑞士的演讲	10	2
……			

（3）简单开场，速战速决，有助于让大家快速进入会议状态，让会议顺利进行。切记，只要写上了自己的名字就要对该话题负责。

你可能觉得这个方法会出现话题搞混或时间不够用的情况，别担心，多年的实践经验证明这种担心是多余的，这样的会议不但不会出现上述情况，而且还会运转得比我们想象的好——就像我们和家人/朋友“开会”一样,不都是自行组织和自由讨论的吗？举个例子，如果有人表示他们的讨论时间不够用时，其他人就会自动压缩时间，让那些时间不够用的人有充分的时间讨论。“敏捷议程法”就是训练人们学会辨认出那些对组织而言更重要的话题，并与同事们共同协调出一个更加有效果又合理的流程。

“敏捷议程法”的另一种形式是在会议中设置 1 ~ 2 个固定时间段，每个人提出一个有意愿推进的话题，并标明各自在会议室中所处的具体位置。当协调者走到对应的位置时，其他人可自由选择是否移动到那个位置。这个方法即是“用脚投票”的原则，所有人应对自己负责，所到之处起码有所收获或有所贡献。

最后，所有人重新聚在一起分享小组讨论的结果。

时间	场地 A	场地 B	场地 C……
1	话题	话题	话题
2	话题	话题	话题

这种方法属于“开放空间技术”（Open Space Technology）[21]的一部分。全世界的团队不管规模大小（5 ~ 2 000 人）、时间长短（几分钟到几天），都在使用“开放空间技术”。

在水平化文化中，如果部分人不喜欢这种方式，则可提出改变或尝试其他方法。提出改变不难，难的是要能看到更多的可能性。

练习

反思你所在组织的会议文化，想想看其中有没有机会试行“敏捷议程法”。向组织建议尝试性地试行“敏捷议程法”。

自主决定是否参会

水平化文化的目标是有能力让员工自行决定是否出席会议。员工喜欢这种自主权，同时也有助于组织运转更高效、员工满意度更高，并且对员工来说可以更自如更准确地判断自己应该出席哪些会议。

对于自行决定是否出席会议的情况，前提是组织要有基本的框架体系，但这个框架体系必须是经过深思熟虑的。以下列举两个案例：

（1）某团队每周举办两次简短的站会（站着开会），快速分享信息；而所有的坐会（坐着开会）则是非强制性的。坐会的组织者在每次开会时都应明确三件事：①会议目的；②会议预期；③指定出席的个人或专家。基于以上信息，由个体自行选择是否需要出席该会议或是否会出席该会议。

（2）每个人必须出席团队至少70%的会议，线上或线下均可，形式不限。如果因故无法出席，则须：①事先告知相关人员；②及时阅读会议纪要。

会议结构的形成是一个集体共创的过程，根据具体场景进行构建与迭代，最终将形成最适合组织特点的会议结构。

位于比利时的一家欧洲机构，其总监在参加了所有部门间的会议之后，发现应该让相关人员出席这些会议。起初，总监的这个想法引发出一连串的反应。一般情况下，部门间的会议通常是部门领导聚在一起讨论，之后再将讨论结果传达给团队相关人员。自从让员工参与相关的战略会议之后，不仅让总监得以从原先的会议中解放出来，还提高了会议的整体效果。

可见只需几个简单的设置，水平化文化就可以让整个会议过程更有自治力、源动力和共享力。

练习

做个小实验，让大家自行决定是否出席会议，之后再分别与出席者及未出席者对话。他们是什么反应？你所在的组织中，理想的会议出席机制是什么？

共享文档

如果想要对会议进行共同管理，那么记录会议则是所有人共同的责任，这项练习包含以下三个方面。

（1）记录会议的责任。在会议一开始，任何人都可以提出负责记录会议内容的任务。如果团队想培养新文化，那么可以要求大家轮流负责会议记录。如果团队实行层级制，则要确保不要每次都让层级最低的员工负责会议记录。

（2）记录会议的工具。随着技术的发展，共享文档的花样也越来越多（如谷歌文档、Dropbox、印象笔记等），在线云文档让文档共享更便捷。好处之一是，参与者只需上线即可实时编辑相关文档，也是水平化方式的体现，无须像过去那样将文档保存在个人电脑上，更无须点开某个PDF文档，总之可以让参与者更容易读取相关文件。

（3）会议记录结构设置。会议构成要素有开放讨论、阐明主旨、重点信息宣讲、分配行动点和责任以及决策。在水平化文化中要用让人一目了然的形式进行编辑，可将会议记录分成两部分：显眼的重点内容和其他内容。每个组织或团队都需要找到适合自己的文档记录方式。

在Percolab，我们有一个“决策栏”，专门用来记录决策的内容，帮助每个人了解组织的最新决策。非常有意思。

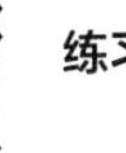

练习

设置一个文档共享的方式，并尝试以该方式与他人共享会议记录。

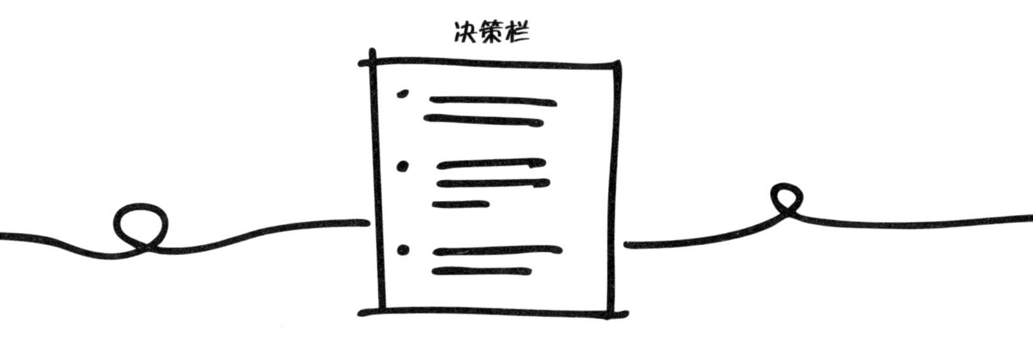

善用空间支持共同管理会议

开会时的座次直接影响到权力动态。如果专门设置了领导的座位或领导每次都坐在同一个位置，那么这个位置就会变成权力的象征。为了顺利把会开下去，可以调整座次，邀请大家坐在之前没坐过的位置，或者彼此之间调换座位。换座位这件事本身很容易，不过刚开始多少都会有些犹豫，但只要见识到其影响力之后，下次肯定会毫不犹豫地执行。

如果团队中的权力流动不起来，那就换间会议室，或者干脆

撤掉桌子。我的建议是撤掉桌子最省事，桌子一撤，立刻不一样。

大家围成圆圈，交流经验，不要对其他人给你的评价而感到惊讶。围成圆圈时大家可以畅所欲言，也有助于会议的顺利进行。

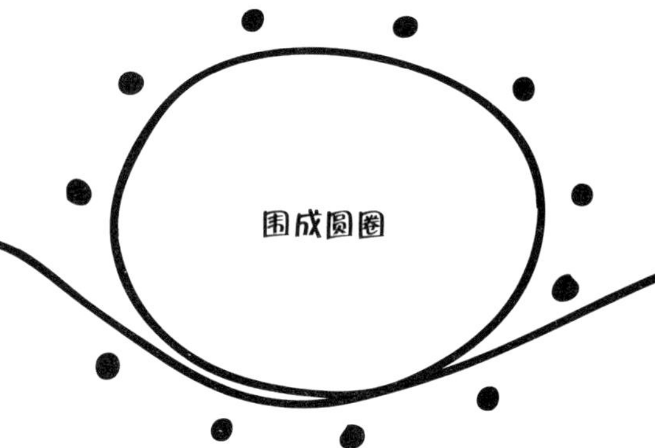

芬兰于韦斯屈莱的一所大学（Tiimiakatemia University），开发了一个惊人的创业项目，该项目现已风靡全球。让我印象深刻的是当我参观这所学校的时候，不管我走到哪里，教室里的椅子都带有轮子然后围成圆圈——桌子则靠墙摆放，大家工作的时候也总是围成圆圈。在这里，我亲眼见证了围成圆圈带来的惊人效果。

练习

试着不用桌子开会或换个会议地点。第一次以这种方式开会时，通常很难让人集中注意力，因为大脑默认的工作环境是传统的会议室，这也是为什么要在一个地方开三次会的原因。到第三次的时候，大脑就会熟悉这个环境，这时就会感受到空间带来的变化，以及会议质量的提升。

实行会议协调者轮值制

每个人都要轮值充当会议协调者，并非要求每个人都要掌握专业的协调技能，而是说我们应当适应自己作为协调者的角色，如此有助于我们在工作中、在家庭中以及在朋友之间成为更好的带头人。实行会议协调者轮值制也是非层级化的核心练习。

我们会发现，某些人原本在会议中参与度较低，而他们一旦担任协调者的角色时，态度就会有所转变。对于那些经常充当领导者角色的人，这时候要请他们往后退一步，把机会让给其他人，培养其他人的领导力。整个会议将因协调者的更换而变得更有参与感。

初次担任协调者，多少会让人惶恐不安，这时候就需要相互支持和彼此包容。实行会议协调者轮值制对组织而言意义重大，有的组织会将这项内容写进员工手册，甚至对此进行后续跟踪。

练习

如果你经常主持会议，那么请退后一步，为其他人创造机会；如果你从未主持过会议，那么请向前迈一步，主动要求主持一次会议。去尝试那些没做过的事吧！

小结

会议是培养水平化文化的理想场景。多样化的练习实践将有助于让会议更加平等、效率更高。

（1）一起明确目的。在会议初始阶段，确保目的明白无误。

（2）先“签到”再“开会”。签到有助于让会议流畅且高效，因为此时每个人都专注于当下。

（3）平等地分享。所有人保持开放的态度，为自己发言，轮流总结，过程可视化。

（4）分小组讨论。如有需要，任何人都可要求分小组讨论。

（5）巧用沉默提高工作效率。适时的沉默有助于提高会议质量。

（6）设置议程。了解不同的议程设置方式，并能根据实际情况及时调整。

（7）自主决定是否参会。让员工有选择地参会有助于提高会议效率和员工满意度。

（8）共享文档。分享记录会议的工作。

（9）使用空间。使用椅子和空间设计来体现会议的平等性。

（10）实行会议协调者轮值制。让每个人都参与会议是一种共享领导力的形式，帮助大家参与会议。

第六章

透明化

开放即有效和高效

我们的新目标是透明化！

戴维·温伯格（David Weinberger）

何为水平文化的根基

开放、透明的土壤必能孕育出信任感、主观能动性和公平性，而这正是水平化文化的根基。保持开放意味着没有隐瞒。人与人之间唯有消除疑虑，才能建立起真正的信任关系。如果想让大家主动关心组织并全身心地投入工作，那么应当学会把彼此视为有能力的成年人，赋予彼此知情权。在水平化文化中，组织中的全体人员应信息共享，只有当所有人信息保持对称时，才能减少行为操控及以自我为中心的情况出现，进而在行动上合乎道德、互相关爱、公平合理。

所谓“透明化”，并非将所有信息同步给所有人，而是在组织内部，甚至超出组织范围，将未尽事宜以恰当的方式，积极主动地向其他人开放，在需要的时候可以随时查看。透明化是邀请人们获取真实的数据，而非拒人于千里之外。当然，公开信息本身并不是件容易的事，要求我们不断适应各种批评和质疑。透明化影响着我们与他人的工作方式和工作关系，即使我们承认开放和透明的价值，但仍会受到传统的封闭式行为准则的影响。对大多数人而言，透明化练习仍需加强。

练习

本章将探索三种透明化练习：①培养分享的文化；②邀请外部世界加入；③超越财务的禁忌。

透明化符合人的天性

人类天生爱分享，日常生活中无时无刻不在与身边的人分享所思所想，比如："这个假期玩得很开心。""这次的火车之旅体验很差。"在分享的过程中，我们了解到事物发生，不管是与恋人分手，还是遇到人生转折，都有其内在的缘由。通过让自己被听见，从而产生同情并与他人团结起来。我们还会通过提问的方式获取具体信息，比如："鞋子在哪买的？""那部电影怎么样？"我们甚至还会彼此分享对金钱的看法："那家餐厅价格高吗？""你的新床垫值那个价吗？"我们喜欢帮助别人少花钱多办事。

我们喜欢与人分享各种事，有时候可能是家人朋友，也有时候是刚认识的人，甚至还会在网上分享，比如怎么设置捕鼠器、怎么削芒果皮，或怎么修漏水的管道。而维基百科就是人类天生爱分享的例证，严格意义上说维基百科是上百万人共建的结果，目前英文版内容约 4400 万页，另有其他 300 多种语言版本同时存在。[22]

人类甚至乐于分享物理空间，类似“沙发客”的概念，早在几百年前就出现了，简单说就是把自己家里的某个空间开放给各地的旅行者。另一种共享空间的方式是联合办公，即大家共享办公空间。

人类的分享并不是盲目的。我们非常清楚哪些内容可以分享，哪些内容最好不分享或谨慎分享，我们也知道在什么情况下不能讨论敏感话题，什么情况下合理利用信息。我们知道每个人的开放度和透明度是不一样的，这个度由每个人自行把握。总之，对彼此开放并保持透明是人类天生的技能。

培养分享的文化

“能否分享一下你的报告？”“能给我看看预算吗？”这些问题在日常工作中很常见，因为我们非常清楚分享的价值。我曾和欧盟委员会（European Commission）做了一个为期三年的信息共享项目。原因很简单，就是在税务和海关领域，每个国家的行政机关都在面临相似的挑战，如果各国官方可以敞开共享，那么整个系统将得到极大优化。对整个欧洲来说，不管是从活动的质量到财务的节制，都将获益巨大。除了发展线上系统支持线上分享外，我们还可以让原来的税务和海关文化得以调整。当我们进行透明化练习时，文化的转变及其过程是同等重要的。职场中，更大程度的透明化会令人产生紧张、情绪化和恐惧的心理。必须要在这方面有所突破，同时也要在组织后勤工作上有所突破。时至今日，10 年过去了，该系统仍在有效运转中，而且加入的成员也越来越多。[23] 接下来，让我们一起来创造共享文化吧。

默认“打开”

大多数人并没有注意过我们倾向于将组织设置为默认“关闭”状态，即为了“以防万一”，我们会让事物保持关闭或保密的状态。我们可以通过分享将这种默认“关闭”的状态设置成默认“打开”的状态，当然这并不意味着所有一切都是开放的；只不过是说既然不是非要设置成“关闭”状态，那不如就设置成“打开”分享的状态。这就意味着你无须评判“打开”的理由，只需照做即可。个人练习的过程中，一旦发现自己对某些事物产生保密的想法，那就要认真思考到底是因为个人不适造成的，还是基于组织的利益而产生的保密想法。

对组织而言，尽管隐私很重要，但信息的灵活性和流动性也是重中之重。此外，组织间保持信息的灵活性和流动性对整个社会而言亦至关重要。例如August——美国的一家咨询公司，在业务上实行的即是分享的文化。[24]这家公司向大众公开他们的内部文档，包括经营协议、薪资待遇、股权结构、管理和政策、团队成员、角色分配、职责、知识产权及组织工具等。通过公开分享，August开创了组织外部的分享文化。谁会看到这些公开的文档，他们会看哪部分内容，你无从知晓，但也不重要。重要的是，对August而言，随着公司不断地发展，透明化也在切实地发挥着作用。

当分享你的方法、学识、资源以及会议时，这些方法、学识、资源和会议也在以一种未知的方式为组织内部及组织外部作贡献。有些组织，还会将会议过程录制下来，且这些视频录像可以随时查看。这种记录方式并不新奇，早在1985年和1986年，史蒂夫·乔布斯创办的NeXT电脑软件公司就用这种方式记录团队会议了，到目前为止其记录视频观看次数超200万次。[25]

分享组织信息或许是件好事，但如果出现挑战、错误和问题，又将如何处之？以开放和真诚的态度处之即可。无论如何，这都是我们作为成年人理应面对的问题，我们应当负起责任。

在水平化文化中，你为自己的错误买单，并从中吸取经验教训。若能将这些经验教训分享给组织内部的人，如你的同事、其他团队和其他部门的人，本身也是件好事。但如果你将这些经验教训又分享给组织外部的人，比如客户、合作伙伴和公众，又会发生什么呢？如果我们想在系统层面进行优化，就需要到组织外部去分享我们犯过的错误。不过，必须承认，这不是件容易的事，必须经过刻意练习才能实现。

练习

认真思考，你所熟悉的工作方法、工作会议或工作规定，如果可以采用“默认打开”的方式，你是否会将其设置为“默认打开”呢？如果设置了“默认打开”，你会有何感受？

为他人提供方便

虽然我们很少考虑易用性的问题，但对于更透明化的组织建设而言，易用性问题无疑是最容易被忽略的问题之一。根据以往的经验来看，那些需要信息的人总是希望信息更易获取一些。例如，PDF 文档修改起来相当麻烦，作为创新跳板亦不易。如果想让大家有能力使用这些信息，那就要考虑他们获得信息的路径以及他们使用信息的能力。你分享信息的方式是否有助于人们在工作场景中能够使用这些信息？这里有三个问题：

（1）是否有权访问信息？

（2）是否可向他人授权访问信息？

（3）是否有权编辑文档信息？

练习

想想看，工作中是否有可开放和可透明化的事项，这些事项可以是一份报告、一种方法，也可以是一场会议。从中挑选一个案例，详细描述你所能分享的范围及分享时所得到的支持（有访问权限、可授权他人访问、有权编辑信息）。

日常活动对同事可见

任何组织中，对其他同事的工作内容有所了解本就是件很重要的事，而在非层级化组织中则更是重中之重。团队交流空间（也叫团队对话，即线上即时通信工具，不仅可以让大家更简便地对话，而且还能保留历史记录）正在改变着传统的线下工作场景，在系统中以一种更轻便、更顺畅的方式和所有人对话。聊天频道或聊天室（译者注：类似国内常用的微信群或钉钉群）可以让大家更简单快速地对话，即时同步，人人可见，如此一来，即可实时了解其他人的工作动态。当然，前提是所有人都在群组内直接对话，不要私聊。

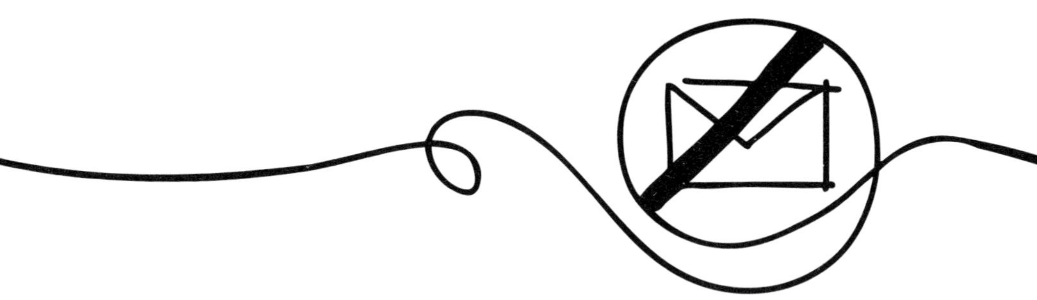

团队交流空间让大家自然而然地了解周围正在发生的事，创造集体互动的平台。在 Percolab 如果我要发布某个项目相关的信息，则会在群里这么发：“@Paul 你现在有空吗，一起过一遍这周五和客户 X 的战略会？”消息发到群里，意味着信息同步，其他人对这个项目的进展也一目了然，无须再另行通知。比如我会在 BD（商务拓展）群里发信息，问“@meghan 能帮我给客户 Y 的竞价文档选张照片吗？”我们甚至还有个群叫“Percolab 在行动”，在这里我们会分享各种照片、视频以及天马行空的想法。比如“正坐火车从多伦多的‘超越层级化’（Beyond Hierarchy）活动回来，想想我们怎么在蒙特利尔做同样的活动。”

#Percolab 在行动

Sam 14:03 下午

除此之外，还有其他的方法可以帮助同事之间即时分享同步信息，比如，站会（站着开会）。站会的形式是由敏捷软件开发运动所创造出来的一种信息分享同步方式，由于这种方式非常机智，因此，现已传到其他组织领域。正如我们在第五章描述过，这是一种速战速决的方式，不需要任何椅子。当你无法坐下的时候，就无须担心会议会拖延！开展站会的前提是要征得参会者的同意。比如，每个人用一分钟时间分享（不是讨论）：①昨天做了什么；②工作进展到哪里；③今天在做什么；④需要什么帮助。关于站会的频次也很灵活，可以在业务忙时每天开 3 ~ 4 次站会，也可以在业务闲时每周开一次站会，具体频次根据组织的具体情况及工作的正常节奏而定。这些会议分享意味着工作的瓶颈被暴露出来，彼此之间可以互相排忧解难、互相提点促进。

练习

每天下班的时候，团队成员对你所做的工作了解多少？你通过哪些练习将其他人引入到你的日常工作中？

主动邀请组织外部加入

在层级化文化中，其“默认程式”是做好自己的工作，并不会让其他人加入，这么做的原因或许是为了保护知识产权或保留安全感。当我们向其他部门、其他组织或其他领域开放工作时，这其中的价值是出人意料的。透明化应当拓展到组织外部，其价值及益处如下：

（1）集体智慧。不同背景的人会提供不同的见解、联结、想法、问题、经验以及创造力，这将有助于你完成工作、迎接挑战。

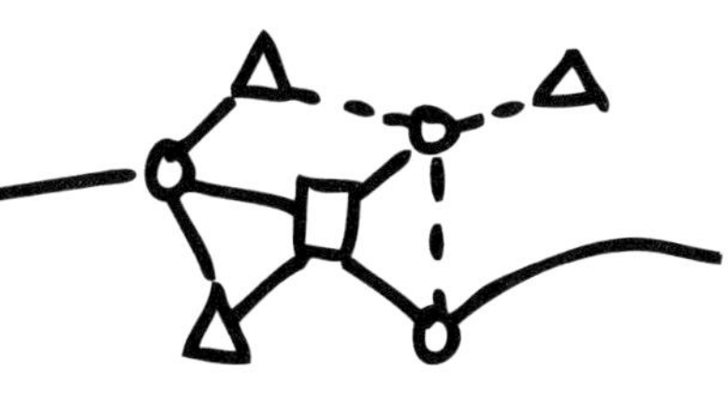

（2）社群。向所有感兴趣的人开放，你即与他们有机地联结在一起。因为开放的前提是信任，诚实则有助于建立关系。

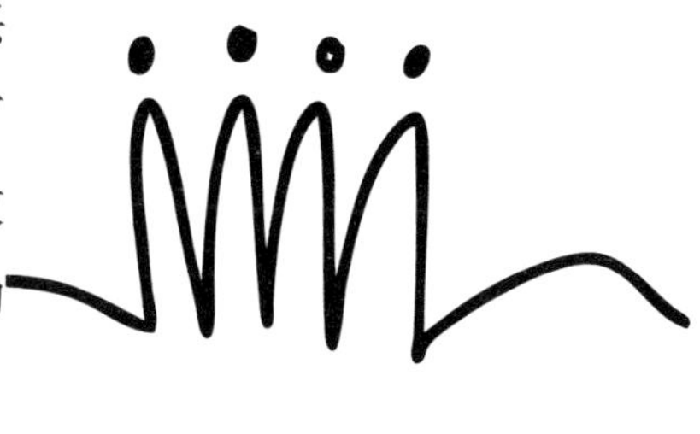

（3）系统性思考。保持开放有助于一个组织从“我们 VS 他们”的思维模式向互助的系统性思维过渡。目的驱动型组织若想系统化运行，则要有系统性思考及合作精神。

只有通过不断地反复练习，才能让我们习惯透明化的运行机制，从而实现组织透明化的目标。不管是哪种透明化机制，均需从以下指导原则出发：

（1）以互惠互利为前提发出邀请。让大家知道自己为什么会被邀请进来。其中，益处之一即是获取宝贵的经验，而练习则可让这些益处显化。

（2）把握方向不跑偏。当开会的人员并非来自同一个团队时，把握会议的目的则是件相当有挑战的事。作为会议协调者应当细化目的并把握好节奏，如果有人长篇大论，你的职责是把握会议的方向不跑偏。

（3）重视外部输入。要让嘉宾感受到他们思想的价值，要让他们知道你想听到他们的声音，让他们明白外部观点通常会为内部工作引入全新视角。

你可以通过与组织外部的人讨论工作进行非正式的透明化练习，甚至某些不经意的时刻也是机会，如偶然间碰见的外部来访者或某活动参与者，这些都是非正式的透明化练习机会。要改变固有思维，不要想当然地以为对方可能没兴趣或提不出建设性的意见。如果你能明确地提出邀请、给到对方具体的目的，并且让对方感受到你对他们思想的重视，那对方又怎么会没兴趣或提不出建设性的意见呢？重点是，要学会转变思维方式，让自己变得更加开放。

你也可以借由某个项目进行正式的透明化练习。在 Percolab，我们会邀请外部嘉宾出席我们的团队会议，如：我们的客户、我们的社区成员、与我们工作相关的研究者、在尝试用我们的组织文化做转型的专业人士或我们的目标候选人。有时候，他们会帮我们一起进行头脑风暴，还有的时候则会从生态系统中带来有用的信息。他们的参与让我们变得更可控。

与法国政府的合作中（法国国家公共领土中心 at the Centre national de la fonction publique territoriale），我让工作人员们走出办公室，以用户的角度去观察政府工作，倾听并学习用户的

真正需求，而不是坐在办公室中空想做方案。这部分工作包括主动地与外部世界联结，从而改变原有的工作文化。

练习

回想你最近参加过的两次会议，会议上都讨论了哪些内容？为什么没有外部人员出席会议？你认为外部人员会带来哪些积极作用？

超越财务上的禁忌

在垂直化的思维中，组织倾向于将财务问题当作危险话题来看待，仅对少数人开放。因此，在垂直化文化中，管理者控制着重要的财务信息，不让员工知道。而在水平化文化中，财务信息的开放和透明是基本要求，所有员工均可参与其中。

透明化练习包括对待财务信息应当如对待数据般透明公开，而非像对待禁忌般讳莫如深。（你个人对待金钱及信任的态度也会影响到你对透明化和财务这两个问题的态度）不管是对内部的同事还是对外部的客户、伙伴，甚至公众，财务信息透明化都需要刻意练习。信息透明化包括预算和簿记、价格与利润、薪资待遇。

预算和簿记

我们通过练习检验财务信息的透明化设想。在垂直化文化中，非直系人员无权获取组织的财务信息。而在水平化文化中，授权获取财务信息的人员则是越多越好。如果你本身有权获取财务信息，让你分享这些信息或感不适；但如果你本身无权获取财务信息，现在却可以共享到这些信息，你会觉得这是组织对你的信任，把你当自己人。

我们要意识到自己在财务问题上设置的边界感，并将其转为水平化文化。如果你有财务信息权限则可授权他人获取财务信息，如果你无财务信息权限则可提出获取财务信息的权限。

一旦掌握项目的预算信息，我们就可以按预算落实工作，并确保不超出预算范围。当我们知晓公司的费用预算时，如办公室、家具和租金的费用预算，反而会变得更有责任感、参与感。另一个维度的透明化则是有账目系统可供查询。除此之外，还有待开发更多获取信息的可能性。

练习

如果你有权获取组织的预算和簿记，想想你可以尝试分享哪些财务信息？去做吧。

如果你无权获取预算和簿记，你想知道哪些财务信息，为什么想知道这些财务信息？现在就去找组织里对应的人给你授权。

价格与利润

在垂直化文化中，组织认为产品的定价和服务属于保密信息范畴；而在水平化文化中，则认为这些信息是可以同组织内部及外部共享的。

关于价格与利润的信息分享方式请参考以下三种：

（1）与员工共享。如果员工可以看到所有价格，那么他们就会更加积极地参与到细节中，如调整利润边际和价格策略。此外，如果员工没有这些信息，他们是很难做出准确判断并会感觉到自己不受信任。

（2）与客户共享。有些组织已经开始向客户实行透明化价格模式。他们将价格与利润放到明面上，实行透明化机制。

（3）采购流程共享。有些组织的采购流程里会提出具体预算，要求招标和报价，从而使组织方和供应方只需关注预算范围内可实施的流程和方法即可，无须再盲猜预算。

有个新兴现象叫“共享经济”，它正在挑战传统思维中的培训方式和会议支付方式。与以往的定额支付有所不同，参与者可以预先支付一笔钱，然后再根据活动的价值统计额外的金额，在收到活动的财务数据后，根据各自的财务能力进行实际支付。

流程如下：在活动即将结束的时候，主办方向参与者公开预算明细，其中包括经费（组织方获得的项目酬金）和收到的款项汇总。然后将其统计好并公开：理想情况下的预算，组织者获得全额费用的情况下，每个人平均应付多少钱？收到这些钱后，每个人的价格是多少？这就允许所有人知道组织方是否存在财务压力。接下来，通过这些信息，如果大家愿意，可支付额外的数额，这个练习没有正确的答案、行动或感受。大家都喜欢这种方式，但也会让人感到非常不适，因为我们还不习惯接触这么多关于钱的信息。

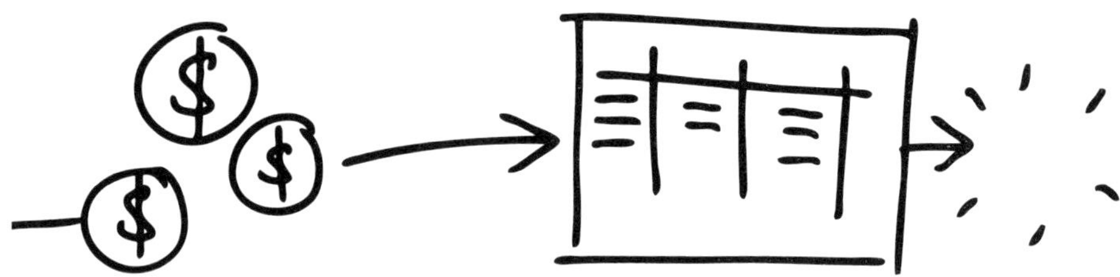

> **练习**
>
> 你最近有没有参加过或被邀约参加某活动？你是否对活动的预算细节感到好奇？如果你对预算细节了如指掌，是否会对你应支付的金额进行调整？

薪资待遇

在财务透明化的所有问题中，最棘手的是薪资问题。薪资是层级化体系的底层，决定了你的个人价值。管理者知晓所有人的薪资，但同事之间却闭口不谈，甚至还要求保密。

薪资透明化正在逐渐成为潮流，Buffer 是一家手机 App 开发商，他们在线上共享薪资信息。[26] 公平支付让每个人得以自在地商谈薪资待遇，这也是在加强薪资透明化的过程。

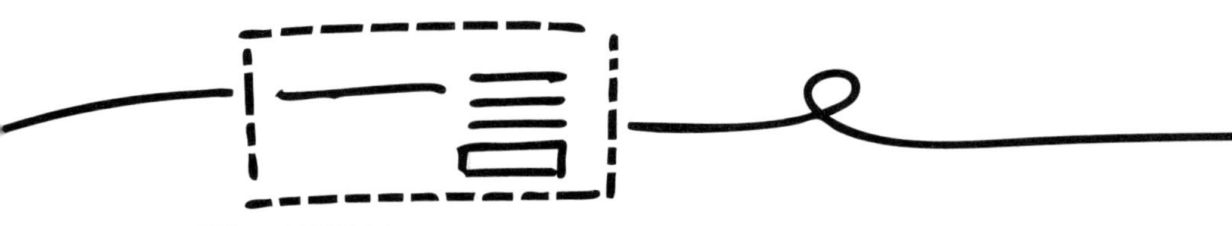

Fitzii 是加拿大的一家招聘公司，最近也在逐渐转向透明化的薪酬体系，并且由员工自主决定各自的薪资待遇。[27] 他们是这么做的：邀请每位员工写信说明他们认为自己应该挣多少钱，再把这封信共享给某一位同事，并获得该同事的反馈。所有人在参加公司新政策讨论会之前都要将自己的期待薪资提前准备好，开会的时候大家围成一圈，每个人轮流说出自己的薪资预期，把所有人的预期数字加起来的总和对比实际可支配的薪资预算，比对二者之间的差距。接着他们再根据现有的信息进行调整，第二轮得出的数字就会在预算之内。这个案例其实是在允许员工自我设置薪资，从而降低了要求涨薪的幅度。

练习

从 1 到 10 打分，你对自己薪资待遇的满意度如何？如果你的同事知道你的薪资，你会有什么感受？如果你知道了你同事的薪资，你认为自己的财务压力和焦虑是会增加还是会减少？

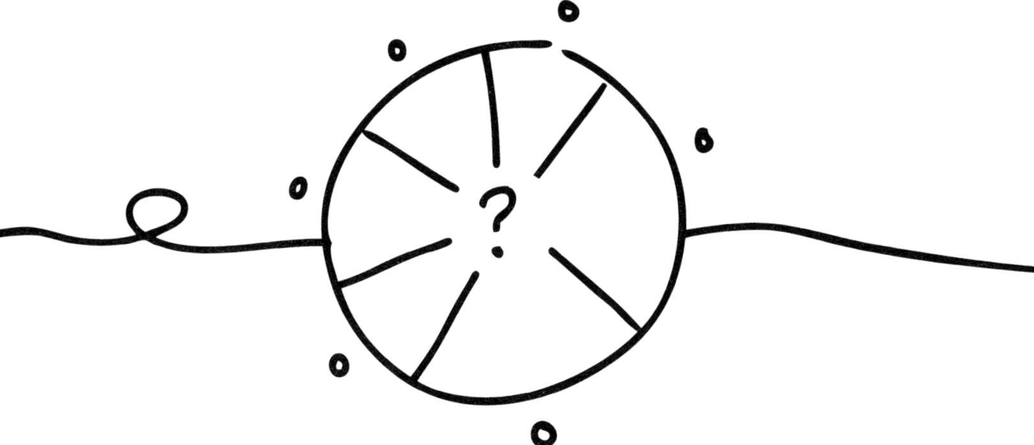

小结

组织在召唤更加灵活和自由的信息流动。这并非意味着我们要对所有事情都保持透明化和开放，但我们确实需要从“对信息秘而不宣”的方式转换成“信息开放”的思维方式。每个人都需要找到各自的方式培养对于透明化的自在度。本章我们看到开放性和透明化的三个方面：

（1）培养你的共享文化。切换到“默认打开”的思维方式，有意识地分享，扩大分享范围，降低分享难度。分享你所创造和生产的东西，分享你所参与的活动，也分享你所犯过的错误和面对的挑战。

（2）邀请组织外部的人加入。当你邀请外部世界的人加入的时候，即提升了集体智慧，加强了社群的意识，激发了系统性思考。这是在有意地保留价值、实现互惠互利。

（3）超越财务禁忌。在财务信息上突破边界，如财务与簿记、内外部定价、与客户的共享经济支付练习，以及透明化薪资这个棘手问题。

不管你在组织中扮演何种角色，练习透明化的过程远非想象中的容易。组织的透明化需要通过不断的练习来加以强化。

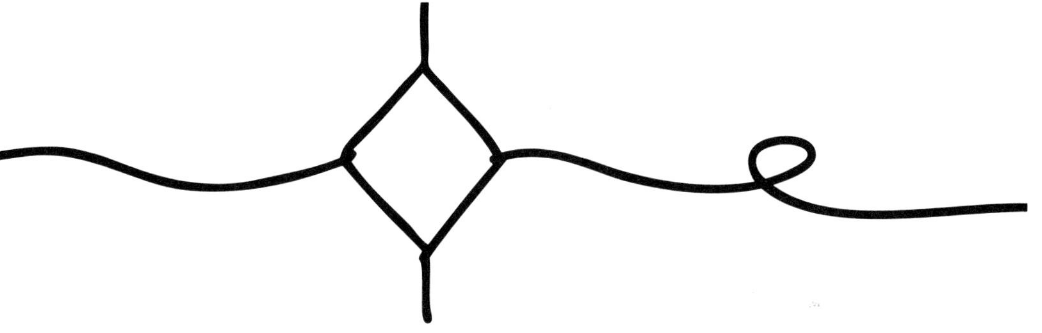

第七章

决策

权力共享

活着就是不停地做决定。

奥特加·伊·加塞特（José Ortega y Gasset）

共同决策为何如此重要

“我们要录用那个人吗？”“那个产品的最优价格点是多少？”决策在与组织生命携手并进的同时，也在推进组织发展。如果员工不能参与组织决策，又如何能不遗余力地投入组织工作呢？事实上，如果组织认真地培养“成人—成人”模式的合伙文化，那么大家就会有强烈的责任感而不是互相指责或以受害者自居，那时自然就能参与决策了。一旦参与决策，决策者自然会捍卫自己所做的决策。老话说得好：“如果此事与我有关，那就不要让我置身事外。”

参与组织决策的人越多，集体智慧就越有可能被激发出来；越多的人轻松自如地发挥决策能力、承担责任，我们的组织就会变得越机智。如果组织中人人都能提建议，那会发生什么呢？

如果人人都在职责范围内被充分信任，并相信他们会为自己及组织作出专业的决策，那又会发生什么呢？

不幸的是，决策是引发组织内部冲突与争吵的头号元凶，难怪组织将其捂得紧紧的，生怕参与决策的范围过大。其实，我们对共同决策有所误解，以为共同决策要经过漫长又痛苦的过程才能达成共识，但事实并非如此。本章将通过练习培养组织的共同决策能力。

我们每天都在进行共同决策

决策方式多种多样，但我们很少注意到它们，可能只知道其中的少数几种。比如关于结婚的问题，最好是两个人一起做决策，还比如下一代要不要生孩子的事，最好让他们小两口自己商量决定。有时候，我们可以折中方案，比如："只要是电灶就行，具体买哪个无所谓。"

做团队决策时，我们倾向于在集体与个人之间交替进行。比如有一组徒步旅行者，有两条线路供他们选择，有一部分人提出建议，另一部分人表明个人偏好，还有一部分人则表示听大家的，往往最后采取的方式是少数服从多数。

做决策时，我们很清楚如何邀请他人提建议。比如，我看上了一条连衣裙，于是给我丈夫发了连衣裙的照片，问他"你觉得怎么样"，但我俩都知道最后决策人是我。

我们很清楚何时该做决策。一般先坐下来讨论可能性，接着做调研，再接着讨论方案，等时机成熟时即可作出选择。我们很清楚自己是否存在冲动或拖延的情况。

当然，决策也有可能出错，即便如此，那也不是世界末日。我们只需以自然的方式共同决策，其他随之而来的问题想办法解决即可。我们很清楚该如何应对不同的情况，有时候需要自己独立做决策，有时候要与他人共同决策，还有的时候则是置身事外不参与决策，无论哪种情况，我们都能应对自如。至于是否邀请他人提建议，我们心里自然也有数。

对决策的信仰与恐惧

我们很清楚只要决策的事项与自己息息相关，那么就会对组织产生更强烈的归属感。

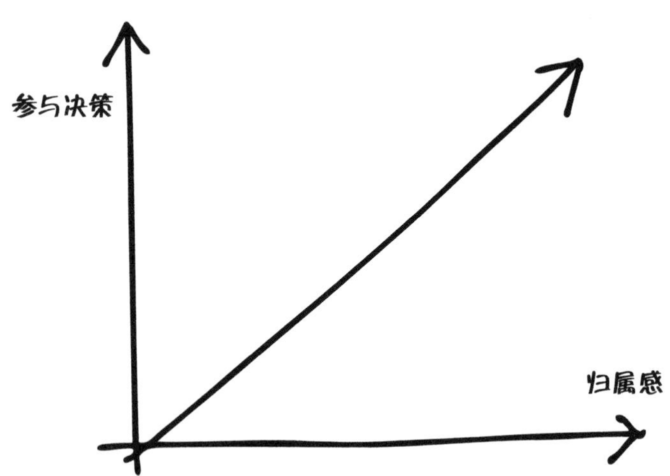

在层级化文化中，尽管我们知道如何让人们参与决策，但真正做决策的人是那些管理者，由他们代表其他人做决策。然而，决策模型在不断变化的，我们的职场环境和民主意识也在变得更有参与性，因此，越来越多的组织会在正式执行某项变更事项前询问员工的意见。走向水平化在决策层面还需更多的投入——包括组织内部人员及其外部股民。

新经济基金会有一个参与分类法可以帮助我们一起做决策：

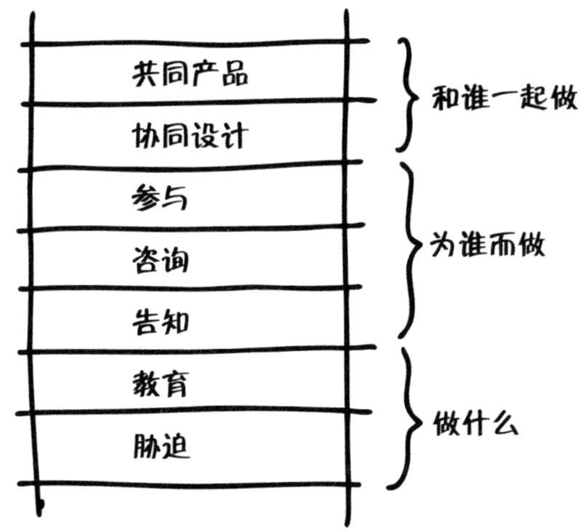

组织必须学会开放决策过程，其方式多样且对许多组织而言是新生事物，但其效果着实显著。最近，我在帮助一家特许专业人员协会为专业人员培养新的能力框架。这项能力框架涵盖未来该专业人员所需的所有能力，集培训、证书和审核于一体。整个过程第一次以所有人共创的方式进行，包括所有协会的成员和非协会的成员在内。其价值对协会来说是显而易见的：结果更好、关系更融洽。参与人员范围更大使得协会在过程中收获更大的集体智慧，同时该能力框架也真实地反映该领域的关注与期待。整个过程有上百人参与其中，因此整个框架也必将更加有的放矢。

练习

你个人对共创工作的看法是什么？你所看到的视角是否与组织是一致的？

根据具体情况匹配合适的方法

尽管生活中我们的决策过程偏非正式，但在工作中则要求审时度势、运筹帷幄。不同的决策方法在组织中各有其应用场景和应用目的。以下图表即归纳总结不同情况下各方法的使用场景及注意事项。[28]

不同类型的决策方法

	控制	责任	参与	速度
独裁	个人	决策者	无	最快
少数服从多数	集体	集体	有（但不深入）	快
建议流程	个人	决策者	有	快
同意	集体	集体	有	快
共识	集体	集体	有	慢

应用场景 （续表）
独裁：场面混乱，无时间询问
投票：情况简单，需快速决策、快速征求意见
建议流程：情况复杂，需深度贡献，但决策节奏需加快
同意：需大家主动参与过程并专注行动
共识：需大家意见一致并关注彼此关系

前两种方法众所周知，下面简单看看后三种方法。

“建议流程”一词由电力公司 AES 首创，是指人们做决策时要先征求以下两类人的意见：①受决策影响的人；②专业人士。有了这两类人的建议，决策者就可以做出决策并对决策的结果负责。加拿大招聘公司 Fitzii 也在使用这套方法。该公司有个系统叫“激进责任感”，每个人都能看到建议流程的使用过程。

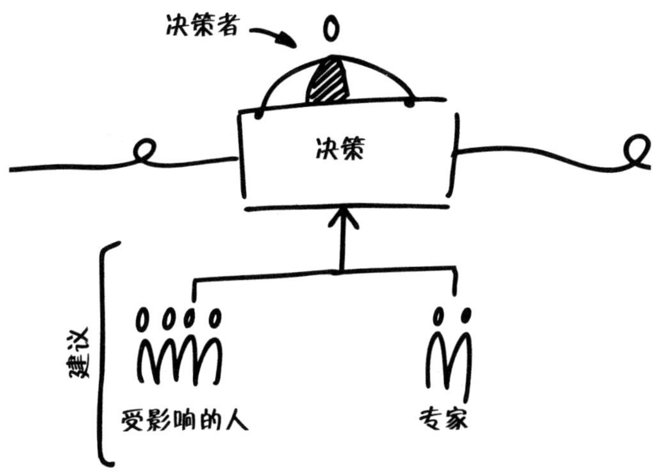

同意决策法是指集体决策过程中是否提出有效的反对意见。只要所做的决策符合当下需求，试错成本可控即可。根据组织的不同需求，同意决策法有配套的流程规定“如何提出意见”和“何为有效的反对意见”。

共识决策法是指集体决策过程要求每个人都“赞成”，才能达成共识。因此，每个人都有否决权，只有当所有人都“赞成”了，这个决策才能通过，同时也有相应流程帮助组织寻求全员共识，但达成共识需要时间。

本节练习的重点在于有意识地为各种场景匹配相应的决策方法，这里有一个问题，那就是如何根据具体场景匹配具体方法？不过，在回答这个问题之前，你得先掌握所有的决策方法。

练习

想想看你的项目、团队或部门最近一两周有哪些决策要做，从中选出一个作为本次练习的对象，再从以上五个决策过程中选出一个你认为最匹配的方法，并说明为什么。

明确需何时参与决策

走向水平化并不意味着要参与每一个决策，而是意味着组织要更加谨慎地注意到哪些需要集体参与决策，哪些又不需要。这是关于参与感和效率的问题。

以下坐标轴将有助于你更好地把握决策的属性：

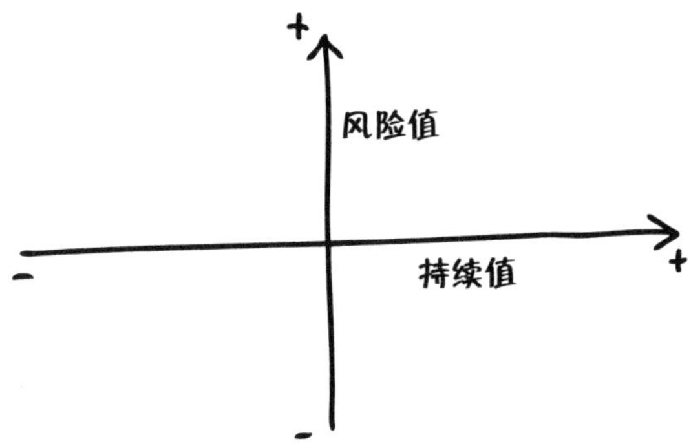

假设你的组织正在决定薪资是否应该透明化的问题，在坐标轴中是怎样一个体现？不同的组织其答案各不相同，该坐标轴将有助于我们做出决策。

决策风险越高、持续时间越长，越应该由集体决策（即集体参与决策）。决策风险越低、持续时间越短，交由 1 ~ 2 个人决策即可，例如，两个人足以决定下一次休养的地方。哪怕最后的决策并不是最好的选择，对组织也不会有太大影响。

练习

找出团队或组织在未来几周要做的四个决策，并根据决策的特点分别填入坐标轴中，然后找同事看看他对你的坐标轴是否赞同。可以就此展开讨论。

此外，我们还可以学会将决策留给他人，并与他人所做的决策和平共处。以下两个问题，你可以试着问问自己：

（1）这个决策我真的需要参与吗？

（2）如果不参与，我能接受结果吗？

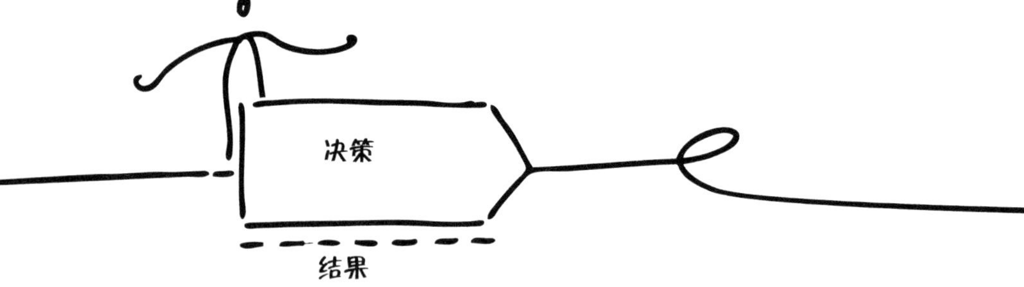

在水平化文化中，重点是要相信别人做出的决策，当然这对喜欢控制的我们而言是个挑战。你可以这样，在邀请中植入以上两个问题。例如，你可以明确地邀请那些有意愿参与决策的人一起做决策，同时邀请那些能接受结果的人一起将决策权留给决策者。通过这种方式的练习，你可以开始邀请更大范围的群体参与，而且大家也会逐渐变得更自觉。

当问完自己这两个问题之后，我选择不参与组织的决策。尽管我个人不同意决策结果，但这两个问题帮我接受了决策结果。接着我要确认我自己不对已完成的决策进行否决或颠覆。这部分练习很重要，你可以一直参与其中直到发生实质性的改变为止。

练习

有意识地尝试不参与决策：①在做出决策之前，向决策者提供信息以供其参考；②不参与实际决策过程，当你知道结果之后，留意自己当时的感受。务必反复练习！

巧用不同类型的意见系统

我们可以看看水平化文化中的意见梯度。这里有两种仔细审查协议的方式，一种是来自山姆·肯纳（Sam Kaner）的《协调者参与决策指南》（*Facilitator's Guide to Participatory Decision Making*）[29]，另一种是线上集体决策工具 Loomio：[30]

山姆·肯纳（Sam Kaner）	Loomio
我很喜欢它。	我同意并想向前推进。
不完美，但不要紧。	我弃权，很开心我无须参与决策。
我持保留意见。	我不同意，我觉得我们可以做得更好，但我会同意该决策。
我没意见。	我阻止这项决策通过，因为我强烈反对，不想让它继续推进。
我觉得需要再讨论。	
我不喜欢，但也不想妨碍进度。	
我不喜欢，但必要的话会支持。	
坚决不同意。	

基于“同意”的思考方式将标准的问题“大家都能接受吗？”换成“有没有人不能接受？”或“有没有你接受不了的地方？”

有没有
人不能
接受？

我们不再关注大家同意的细节，而是关注大家反对的声音。了解反对的声音是为了让每个人更清楚地了解个人偏好与集体目的之间的区别。有的团队会问自己这个问题："这个决策是否符合当下需求且试错成本可控？"

我参与过一个为期九个月且有数百人共同参与的决策过程，大家在一起共创一个可交付、可迭代的方式。我们与多数持股人一起共同设计，大多数参与者都是第一次参加这个项目，因此我们一开始通过大型的可视化演示同步我们的工作状态。然后，我们提出问题：①明确的问题；②迄今为止大家对这个工作的喜爱之处；③他们不能接受之处。

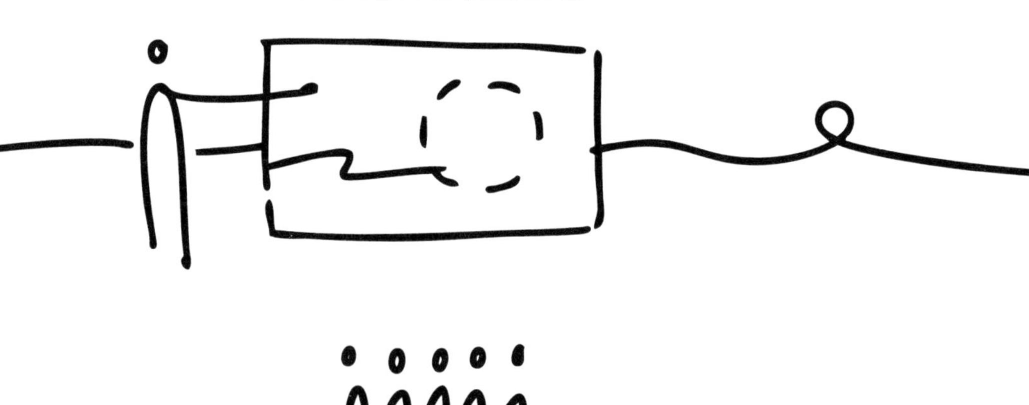

我们不算严格意义上的做决策，但绝对可以保证参与其中的人可与其产生真正的联结。

练习

下次如果你（或他人）问“我们都能接受吗？”时，试着将这个问题换成“让我们问问自己：有什么是我们不能接受的？”到时候看看会发生什么？要知道，当你第一次这么问时，大家还是会说他们为什么会同意，因此你需要坚定地要求他们只说反对意见。

生成决策

接下来我们进一步探讨同意决策法。[31] 在这里我选择“生成决策”是因为它融合了强有力的协议过程和人类感知情境的能力。生成决策要求有人充当协调者，当一切运行良好时，没有人能把持局面，所有人只专注地向前进。生成决策的步骤如下：

（1）准备工作。安排开放讨论的时间，为提案做准备。

（2）提案（第 1 版）。任何人都可以是提议人，但整个提案属于集体成果。

（3）明确问题。针对“未明确”的问题，提议人给出直接、简洁的回答或答复。

（4）回应。每个人（除了提议人）分享各自真实回应。

（5）提案（第 2 版）。提议人调整、完全更改或终止提案。

（6）反对意见。向协调人提出反对意见并讨论这些反对意见是否有效，如果有效，则必须更新到提案中。

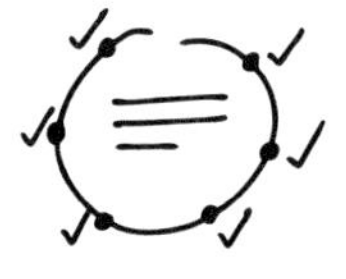

（7）可视化确认。当现场不再有反对意见时，所有人都要当场以相同的手势动作从视觉上确认表明自己接受该决策。

以上每一步都存在陷阱，即我们容易说得太多。作为社会人，我们想证明自己是对的，我们想把所有事解释清楚，也想将事情的来龙去脉说清楚。而生成决策的流程可以帮我们从这些习惯中解救出来，因此需要协调者把握节奏，让所有人抓住重点，以保证整个过程与以往不同。对此也要勤加练习，才能熟练掌握。完整过程详见附录。

第一步，准备工作。这一步很重要。任何人都可以提出建议，任何一个关注点都可以成为提案的切入点。提案并不属于某个人；只需大声地说出某种可能性，从而推动团队前进。作为准备工作，只需在会议上安排一个开放讨论环节，在开放讨论时间内形成提案，或召集小组探讨可选择的范围从而形成提案。该环节可随时随地使用，可以是在对话中也可以是在工作中，不以决策为目的，然后在某一瞬间你感觉提案成形了，并确定这就是想要的提案时，那么就可以继续推进。[32]

最近我刚帮一个团队用决策生成流程在 90 分钟时间内决定他们的价格政策。我们也是从第一步开始，快速“签到”：“这几天，我决定的事有哪个是不费劲的？”所有人分享并说明为什么该决定不费劲？这个过程是在提醒我们做决策其实不难、过程也会很顺畅。接着，我简短地介绍同意决策法，然后所有人开放讨论一个问题，即年度会议的扩展补充活动的理想价格政策应该是怎样的？在这个过程中我没有进行任何干预，只不过是记录了提案形成的过程。

在对话陷入乏味之前，我现身邀请某些人给出他们的提案，这就是第二步。此时，某提议人向前一步，给出她的提案，然后开始为自己的提案进行论证。我温和地提醒她这个环节无须论证，只要说出提案即可。这个情况比较复杂，因为需要考虑在场所有人的情况，包括已经付费的参会者、会员及非会员、发言者、VIP，以及想要参与活动而非会议的人。

第三步，明确问题。我要确定问题与提案相关而并非只是暗示。这时提案变得越来越清晰了。

第四步，每个人都要作出回应。这时候你会发现其他人是如何看待这个提案的，是否可以接受它。

第五步，根据大家的反馈，提议人调整提案。

接下来就是最有意思的环节，第六步，“反对意见”。这些反对意见不是基于个人偏好，而是为了推动提案进一步完善，确保你不会给组织带来伤害。我们处理了几个难度不大的反对意见，把其中两个反对意见加到了提案中，还有一个反对意见是在讨论之后被提议人撤销。所有的讨论由协调者传达，以确保团队的专注度。

至此，我们以为流程全部完成了，其实还有最难搞的第七步，即可视化确认。这一步可以让你知道是否有人不能接受该决策。有时候会出现这种情况，就是有人会隐约觉得这个决策哪里有问题，但一时又无法说清楚到底是哪里有问题。此时，他们就无法可视化地表明自己能够与该决策和平共处。这时，我们要停下来，进一步质询先前无人提及的难点。作为协调者，我越来越觉得让大家畅所欲言是件多么重要的事，畅所欲言不是碎碎念，也不是在阻碍团队前进，而是他们提供的信息有可能是决策的关键点，只有当大家在一起探索时才能发现其重要性。谨慎地提出观点，如若反响热烈，则加以充分讨论，只需花 10 分钟时间即可，最后每个人都会明白该观点的重要性。该观点表明了决策的影响力，而在此之前该观点可能属于盲点。团队给出他们的可视化表达（竖起拇指）以示他们欣然接受决策。此时决策正式生成，然后快速“签退”。

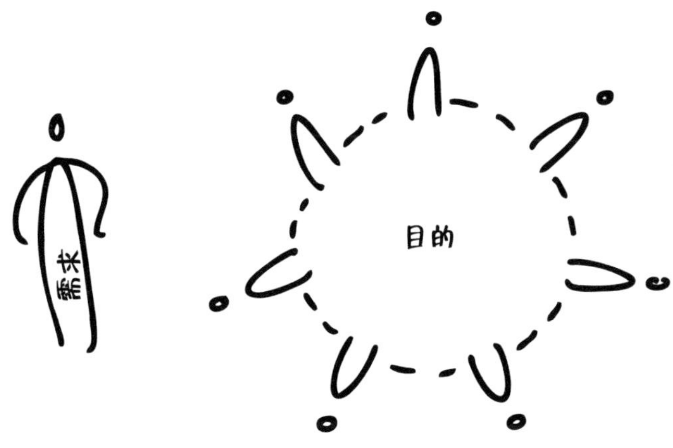

当人们第一次发现同意决策法时，会质疑：如果出现利己的人，该怎么办？他们会不会潜伏到提议人的角色中，以提议人的身份行使权力？他们会给出看似好像对组织有益的提案，而实际上则是以个人利益为目的。这一点完全不用担心，因为在明确目的环节，这种不正当的心理会被暴露出来；在回应环节，每个人都会被邀请真实地作出回应，这个过程不会有人评论。当团队成员将强烈、明确的信息反馈给提议人时，如果建议不符合既定目标，提议人会面临两种选择：要么忽略该回应；要么将大家的建议融入提案中。如果提议人忽略大家的回应并继续推动以个人利益为目的的提案时，在反对意见环节也会被众人反对，因为团队中人所关注的是提案的内容。所有有效的反对意见都必须更新到提案中。这种决策方法论邀请提议人将个人利益与组织或群体目的分开。如果提议人继续坚持就会将自己暴露，一旦暴露就会被其他人质疑，甚至羞辱。那时就要面临两种结果，要么改正错误，要么离开团队。

练习

培养使用这套方法论的习惯，下次当你做决策时，可以建议团队（甚至只是某个人）将讨论过程分为三个环节：明确问题、回应及提出反对意见。采用这个建议有利于团队学会将决策过程分步骤进行，从而避免将这三者混为一谈而导致会议拖沓低效的情况。

明确的决策系统

在职场中，我们要清楚地知道决策力的所在，知道你如何参与决策以及做了哪些决策。当这套系统不明确时，只会培养出令人失望、令人受伤的文化（在不明就里的情况下要求提交决策），而与之相对的应该是培养出有动力的、主观能动的和负责任的文化。以下是明确决策的基本要素：

（1）决策类型。你所在的组织中，决策如何分类？决策类型根据组织中决策的场景而定，可以包含项目决策、人力资源决策、组织运营决策、本地管理决策以及全球管理决策。决策类型与决策场景有绝对的关系。

（2）责任。对于每一种决策类型，谁有权决策？谁在为此负责？组织文化越是水平化的，就越需要明确责任。另外，决策的责任往往与个人相关，但可与角色相配套在组织内进行协调（详见第三章自治部分）。

（3）决策方法。随着组织不断增加其决策方法论，包括建议流程和同意决策法，需根据具体场景匹配具体方法。组织需试验一番，方可明确各个场景对应的决策方法。

（4）决策的时间和地点。哪些组织决策必须在正式会议中完成？哪些又可以在线上完成？

（5）决策归档与传达。组织决策是归档在 PDF 文档中作为会议的备忘录还是归档在决策日志中让大家可以随时查阅？新决策是如何传达给每个人的？

如果组织新成员在加入之初就收到一份组织决策地图的话，情况会有何不同？这份决策地图长什么样？

练习

花几分钟时间试着画一张你们团队、部门或组织的决策地图，并将该决策地图展示给你的某位同事，看看对方对此是否认同？

培养提建议的思维方式

决策时，你是否能应付自如？如果你是一名领导者，或许对提建议、做决策得心应手。事实上，如果你在提建议、做决策方面游刃有余，那么很难理解其他人在这方面的为难之处。在水平化文化中，要向所有人发出邀请、向所有人提供空间、培养所有人有能力去感知某种或因建议而受益的场景。对于还不习惯提建议的人而言，压力或疑惑都会妨碍他们在团队中发挥感知场景的能力以及提建议的能力。以下方法有助于你培养提建议的思维方式：

- 通过训练对不同场景的感知，将有助于从某个建议中受益，或从构思提议及在他人的帮助下制订提议等诸事中受益。将复杂的问题简单化并将提建议的过程变成创新的过程。
- 留意人们总共提出多少个建议，从而看出哪些人有提建议的意识，哪些人没有提建议的意识，然后先从没有提建议意识的人开始入手。
- 为有意愿提建议的人提供支持和空间。
- 提醒大家如果某个场景让人烦躁，那么意味着我们已经感知到提建议的时机了。
- 邀请某人和你一起思考某个提议。

垂直化文化会让我们习惯性地认为做事需要获得他人授权，然而水平化文化邀请我们养成提建议的思维方式，这就是基本的综合的态度转变。

练习

如果你在提建议方面游刃有余，那么去帮助那些不熟练的人。如果你没有提建议的习惯，那么邀请其他人来帮你做一个。

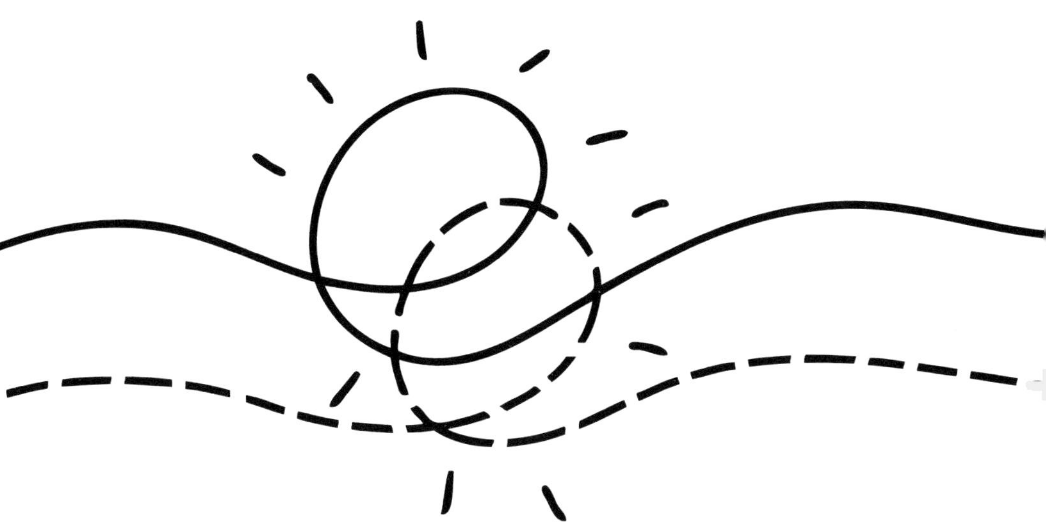

小结

共享决策意味着要理解我们的恐惧与信仰，要信任他人并熟练使用各种决策方法。以下六种决策实践练习将对你的组织有所帮助：

（1）明确何时应该参与决策，这是一门艺术。

（2）根据具体情况选择最佳决策方法，其中包括大家不太熟悉的建议流程决策方法、同意决策法，以及共识决策法。

（3）使用不同类型的同意系统，有助于你对各种决策方法了然于心，让决策更高效。

（4）生成决策。应用同意决策法帮助团队将个人偏好从集体目的中剥离出来，让团队保持正轨。

（5）明确决策地图。绘制决策地图并对所有人可见，以这样的方式培养水平化文化。

（6）培养提建议的思维方式。有意识地培养提建议的思维方式，这是培养水平化文化的关键。

第八章

学习与成长

自我导向与共同学习

学习型组织之所以能成功，是因为我们天生就是学习者，就像婴儿与生俱来就会学习，无须任何人教他们如何学习。

彼得·圣吉（Peter Senge）

如何水平化地学习

走向水平化意味着我们要积极主动地学习并进行专业化训练，从而获得这种新型的思维方式，其中包括摒弃传统的垂直化系统思维方式，培养新习惯和新反应。然而，不管是对个人还是集体而言，除了从垂直化思维方式过渡到水平化思维方式这个过程之外，学习与成长本身也充满了挑战性。非层级化组织本身就是学习型组织，承担着整个组织中的个人成长及个人领导力的培养重任。基于这个前提，组织成员越伟大，组织也会越伟大。因此，组织可以也应该作为土壤为每个人提供养分，让身在其中的每个人都能成为更好的自己。换句话说，要学习如何成为水平化组织

的一部分，你也必须学会如何水平化地学习。水平化的学习包含三个核心原则：

（1）自我导向。以成年人的方式对待所有人——人人值得被信任，人人值得被支持，人人可以通过学习为个人与组织作贡献。

（2）人人平等。所有机会向所有人开放，人人皆可实现个人成长，而不仅限“高潜力人才”。

（3）共同学习。组织设立共同学习机制，让所有人向所有人学习，所有人支持所有人成长。

水平化学习与成长有助于提高组织成员的学习热情并更积极地投入组织工作。不断地为员工创造成长机会，不仅有助于减少人才流失，同时也会让员工感受到组织的信任，还能激发出他们的才能。[33]

本章，我们将重点讨论个人学习与成长的自主权，通过集体练习加强组织的学习力与成长力，并提供水平化的评估方式作为参考。

我们如何在团体中学习与成长

“膝盖不要弯，双腿要直。” 我的继女看见我游泳时说道。“你的手臂要这样划动，” 她弟弟也在一旁给我做示范。

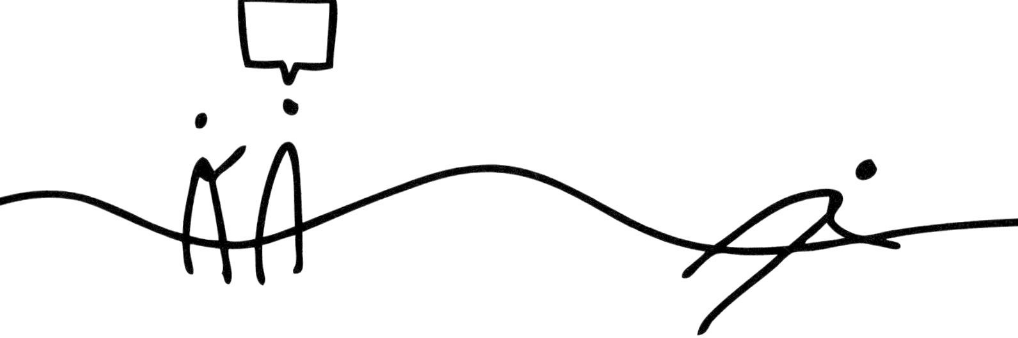

孩子们给我的反馈及时、到位，他们的目标也很明确——让我游得更好。对于他们的建议，是否采纳，由我决定；是否给他们反馈，也由我决定。人类天然地想帮别人成长进步，同时也会很自然地向身边的人寻求帮助，促进我们学习。事实上，别人可以帮我们克服学习阻碍，让我们的成长更具有突破性，有助于我们进行自我反馈、关注自我局限性，有助于个人世界观的进化。学习有深浅，浅层的学习如学会给网页添加内容、学习参与会议、学习介绍自己，只要稍加学习即可上手；相比之下，深度学习实际上是很痛苦的，就好像受了伤或生了病一样，因此我们也会获得其他人的帮助。

对自己的学习与成长负责

要对自己的学习与成长负责，因为旁人无法做到如你自己一般耐心地培养你。不管组织如何进行学习，你首先要做自己的主人，从现在开始，按照自己的方式思考学习、成长进步。毕竟，一旦我们掌握了这些技能，无论我们身在何处，都是我们发光发热的底气。就水平化学习与成长的练习而言，首先要自主规划学习，而不是坐等他人替你安排。先从两个练习开始：①自我觉知学习需求与学习愿望；②自主设立学习目标。

创建个人学习路线图

为了自主管理个人的学习与成长，你要有能力判断自己现阶段身在何处，将去往何地。首先要搞清楚自己目前的能力（即让你在某种环境下应对自如的知识与技能），然后找到你想学习的方向，以及想要深耕并成长的领域。这就是我们所说的“学习路线图”。

由于人的需求与愿望在不断进化，因此，要创建你的学习路线图，然后每隔数月更新一次。哪怕工作并无明显变化，但生活技能也是在不断进步的。根据我们以往的生活经验，每七年就会有一个大的转变,因此学习路线图每隔七年也会大变样。我们照着自己的成长路径不断进步，比如原先可能并不擅长的能力或感兴趣的事，突然感兴趣了；而原先擅长的某项能力则不再投入时间继续精进。我们总是在不断地前进，不断地培养新的能力，然后放掉某个旧有的能力为培养新能力腾出空间与精力。为更好地帮你抓住目前的学习路线图以及能力周期，以下介绍一个工具供你使用。

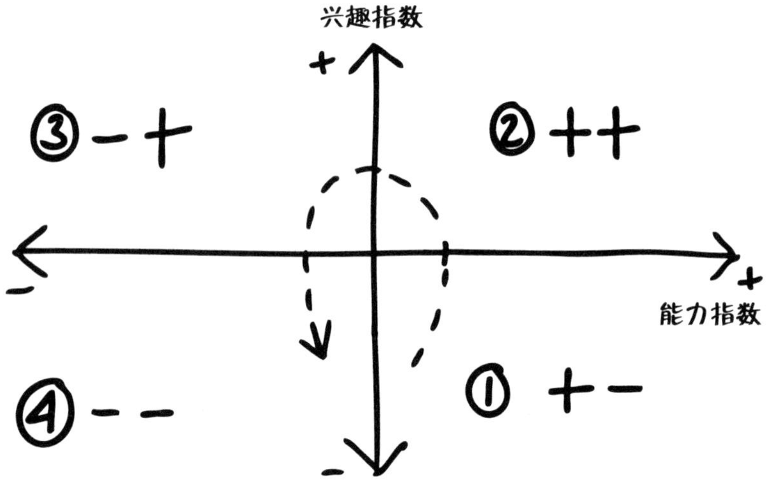

1. 能力突出，但没有兴趣使用这项能力
2. 能力突出，同时有兴趣有热情使用这项能力
3. 能力有所欠缺，但有兴趣进一步发展
4. 能力有所欠缺，但（目前）尚未有兴趣进一步发展

你可能会问：哪些能力可以放到这个坐标轴上？其实能力的类型分很多种，如处理人际关系的能力、与人交流的能力、与人合作的能力，以及熟练掌握某种技术的能力。还比如我们说的“水平化能力”，包括生产力、主观能动性、解决冲突的能力、和而不同的能力、提供反馈与接受反馈的能力、共同管理会议的能力、开放性、集体决策的能力、视挑战为学习的能力。

有各种不同的框架，如《未来工作技能》，可以指导你找到自己所需的技能。[34] 从最近几周的能力应用情况来看，挑选其中一项来进行评估，看看该能力是否是你所擅长的能力。

一般情况下，这份能力路线图会与你的工作息息相关。理想的工作环境应该是允许你专注在自己感兴趣的各种能力上，包括已经精通擅长的能力及有意进一步学习的能力。当然，有时候你需要发挥那些你擅长但热情不高的能力，对于这类能力，你可能最多能接受它们在你的工作中占用不超过 25% 的比例。如果超过 25%，那你可能就会思考这份工作是否适合你。

练习

在能力周期模型的每个象限中写下三种能力，让你的朋友或同事在此基础上再加几个。因为旁观者的角度会看到我们看不到的地方。

你发现了什么？有没有让你出乎意料的事？

自主设立学习目标

如果是由他人负责你的学习与成长，那么你的学习内容则根据负责人的意愿进行规划。但是当你自主管理自己的学习时，则需要由你自己规划。事先规划好学习内容有助于提高学习效率；有目标的学习有助于为自己的成长创造条件。首当其冲的练习是明确你的学习目标，即你真正想要专注学习的那部分。

以下列举两种情况，供你参考：

（1）接手新项目。面对新项目时，最让你感到不安的是什么？你需要关注的是什么？哪些部分是你没接触过的？你的局限之处在哪？

（2）让你为难的情况。通常这种情况对你来说是绝佳的成长机会。再进一步观察，看看你所面对的挑战是什么？对你个人会有哪些提高？

带着问题思考，如上述所提及的这些问题，有助于帮你找到学习目标。举个例子，当你的问题引导你思考自己协调会议的能力时，那你的学习目标就是提高你的会议协调能力。一旦确定学习目标，你就会有意识地在日常工作中见缝插针地找机会学习。

学习不仅仅是一直训练，有时候加强专注力也是学习的一部分。

记录现状

另外，你可以通过快速总结能力优势所在来锚定学习方向。我们往往容易低估自己的学习和成长的成果，因此总结能力优势有助于推动我们更好地往前走。当然，总结能力优势要基于我们的具体经验，其中包含记录近期能力优势或学习目标的情况。哪些做得好？哪些做得不好？如果有机会重来一次，你会怎么做？

完成本章中所有练习后会形成一份“学习合约”。“学习合约”即是你与自己约定，由你自己负责个人的学习与成长，其中包括学习路线图、自主设立学习目标、记录现状。这份合约综合记录你的成长轨迹，可用于后期复盘。学习合约是经典的学习闭环，由你自己来创建，至于创建学习合约的频率也由你自行决定。如果想定期完成一份学习合约，可将该学习合约放到日程表上作为常规事项，经常练习。

练习

基于新项目或让你为难的情况，给下个月定一个学习目标。记录你现在所处的阶段，月末的时候再来复盘。

移除批准

上述练习可单独练习，也可与若干同事结伴练习，还可以在时机成熟时向团队或组织提议全体共同练习。当然，组织可以设立一些机制支持员工进行自我导向、自主管理的学习。

有些组织已经放开对员工培训的控制，比如，某公司欧洲办事处的主管认为组织统一管理员工的学习与成长是件吃力不讨好的事。同时，他预感到如果让员工自主学习、自主成长的话，效果会更好。因此他发布了新政策，即公司上下的培训活动不再需要上报审批，也就是说每个人都可以自主安排培训，可以参加任何培训，只需对自己负责即可。也有人提出质疑，既然无须上报审批、无人监督，如此一来，岂不是让人有空子可钻。确实，如此一来，员工可以堂而皇之地参加那些原本会被领导驳回的培训项目，这类培训项目主要以员工自己感兴趣且有助于其个人未来职业发展的培训项目为主。这项政策一经推出，备受员工赞赏，与此同时，员工也更积极主动地投入工作。让员工自主选择培训项目有助于提高员工的学习动力，也因此他们会花更多的时间在学习上。

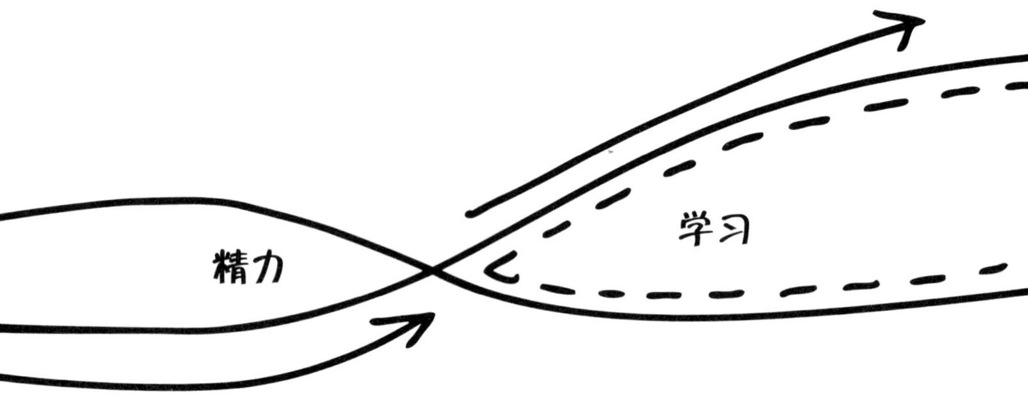

培训审批流程会抑制人们的学习意愿。在 Percolab，我们的所有员工都非常清楚自己的学习预算，并且他们可以完全自主支配这部分预算。不管员工是想设计一场游学之旅，或是参加国际静修，抑或是参加写作工坊，均可。我们希望同事之间保持透明化，彼此可以分享自己正在做的事。

需征得同意才能学习的模式实际上是在强化“成人—孩子”的文化。相比之下，自主安排自己的成长路径，并向同事说清楚缘由，这是在培养透明化及互相尊重的文化。从旧有的模式转变为以信任为基础的学习与成长文化虽非易事，但依此而行的组织想必已经体会到由此而产生的积极影响了。

练习

在你的组织中，对学习时间和学习预算的审批是如何规定的？找出其中一项不合理的规定，列举说明。你认为组织应该尝试性地取消这项规定吗？想想看有没有哪个培训项目是无法审批通过，但该培训对组织有可能是有价值的？这样是否会改变组织目前的学习与成长管理方式？对你的组织而言，取消授权是否时机已成熟？

将学习认知与学习规范嵌入到日常工作中

工作中，压力一般比较大。例如，某项目因盲点反复出现，让你很吃力；发现手头的任务超出了自己的舒适区，让你无所适从；冒犯到某位同事之后，误解不断加深；从新发现中获得启发。我们每天都有大把的学习机会，却让这些机会白白从指缝中溜走。

相较于只专注在课程和培训上，我们可以嵌入仪式和练习帮助我们在日常工作中学习与成长。如此一来，学习的价值将会翻一番：①学习成本低；②工作氛围有助于学习。以下我们将从三个练习入手，培养潜在的意义建构、意见反馈以及触发日志。

意义建构

意义建构的训练有助于培养我们把握全局、抽离共性的能力。作为集体练习，有助于将日常中发生的事件变成我们学习的机会。一般而言，意义建构的最好方式就是关注事件本身，而这些事件本身具备某种张力、情感或其他。

以下三个练习有助于你在非层级化文化中培养意义建构的能力：

（1）一起探索模式。不要互相指责，将所能找到的模式一一列举出来。

（2）三人行必有我师。不管是否与你相关，不管你是否身居要职，请以同伴身份融入集体共同探索。

（3）切记，出现不适感是正常情况。保持礼貌肯定不是最优先考虑的事。真正的学习力是要我们学会把握事物的真相，而真正的洞察力则需下一番苦功方可获得。

确保这个过程中人人平等，无人操控。保持水平化练习，不要说“你”，而要说“我们”，问：“我们从这件事中看到了什么？”

稍微将过程结构化有助于意义建构。以下问题看上去平淡无奇，但如果用这些问题引导对话则有助于激发洞察力。该结构有效地避开诸如互相抱怨或兜圈子这类陷阱。以下两个结构化案例，供你参考：

提问：

哪些进展顺利？	哪些进展不顺利？
我们从中学到了什么？	接下来我们会采取哪些行动？

一旦开展水平化练习，你对同事会比对老板更负责。这时，意识建构就变得尤为重要。平时先从低风险的场景入手练习积累经验，当遇到更高风险的情况也可以游刃有余。

练习

列举两个最近发生在工作中的事——不限主题。从上述两类结构化问题中选一个作为意识建构的练习。再找一两个同事一起体验该流程。

反馈力

如果你想取得进步，那就向他人寻求反馈。如果你想与同事保持友好关系，那就不要对他们的反馈有所预期。反馈和学习与成长是相伴相生的，值得庆幸的是你按照自己的意愿进行练习——无时无刻、随时随地。以下三条原则有助于加强非层级化文化的反馈力。

1．从我开始

大多数人会专注在如何让他人参与到健康的反馈文化中。殊不知，最好的反馈文化是从自己开始打样。这一点看上去貌似显而易见，然而却是盲点。你可以设计属于自己的提问模版用以邀请他人给予反馈，久而久之即可养成习惯。例如，“针对‘具体某事’，你能给我两个具体的改善建议吗？”

2．搭建集体反馈框架

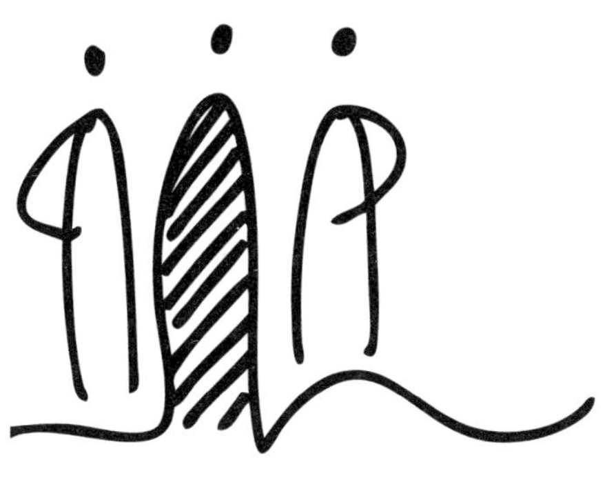

反馈可看作我们对已完成的事和收到评论的体验。当我们将反馈看作是集体的探索学习时，大家就不再是畏畏缩缩，反而成了每个人进步的养分。例如，“在新员工入职过程中，我们获得了哪些经验教训？”

3．想办法处理不适感

通常情况下，不管是给予他人反馈还是收到他人反馈，都会引起不适感。而且，我们还会想办法避免这种不适感，甚至还会依赖其他人，让他人帮我们应对不适感。与其逃避，不如想办法让自己以友好的、有建设性的方式学会给予他人反馈并学会接纳他人的反馈。比如，你可以说“你这么回应我的需求，我觉得很难受。”

给予他人反馈的方法有很多种且各有价值。我们需要长年累月地练习才能达到直言不讳、实事求是、宽容友好的状态。在第九章中讨论的“情境—行为—影响”法就是极好的方法，其他比如“坦诚相待法”[35]和“罗森博格四步法”[36]。此处介绍的是基础版的“罗森博格法”：

（1）观察。直言不讳地说出你所观察到的场景对你造成的影响。比如，你可以说，“今天是星期四，这项工作本该在星期三完成。”

（2）感受。说出你对所观察的事物的感受。比如，你可以说，“我（感觉）饿了。”

（3）需求。说出引起那些感受的需求。比如，你可以说“今天是星期四，这项工作本该在星期三完成（观察），对此我很生气（感受），是因为当时你说可以按时完成的时候，我相信你能说到做到（需求）。”

（4）要求。提出具体要求。比如，你可以说“事已至此，看看有没有办法解决问题？”

另一种方法是在给定的时间段内进行共情倾听法——深度、静默、开放的倾听艺术。比如针对最近的某个项目或某项责任，花10分钟的时间进行互动。先从A开始，向B反馈。当A反馈时，B只需安静地倾听即可，最后，不管A说了什么，B都说“谢谢你”来培养感恩的心和学习的态度。之后，A和B角色互换。

这项练习可以在非正式场合下进行，也可以在正式场合下进行。例如，在会议的最后环节设置反馈时间进行练习。

练习

先看看你近期的事务中有哪些是你愿意接受反馈的，然后找一个人或一组人，前提是这些人的反馈意见是你愿意听取的。再从上述方法中选一个对你有启发的方法，与你选定的人员一起进行反馈练习。

触发日志

记录触发日志是另一种反馈练习。在触发日记上，你可以记录何时何地发生了什么，你被某人或某情况触发某种反应。[37]“触发”的意思是当发生某事或说了某事引发你产生了某种强烈的情感，且这种情况持续时间超过七秒。如果你能捕捉到触发点或反应点，你就可以进入到更深层次的个人学习，而触发日志就是可以帮我们实现这种学习的工具。

触发日志有助于我们发现情感上的自我保护行为，而这种自我保护行为恰恰会阻碍我们的个人成长。你可以在那种同事之间有建设性又互相关怀的非正式场合练习触发日志，将有助于帮我们顺利突破原本的困境。

过程如下：团队开会时，每人花五分钟时间说出上周发生过的三个触发点。写下当时的情况，详细描述触发了什么，然

后评估触发点的强度。找一个搭档（最好对方不是你的触发点）分享你的触发点。相互提问，有助于对触发点的学习，比如，可以问“是什么触发了你？你从中学到了什么？”这个问题要有助于引发我们对触发点的自我反应。

虽说这个练习是自我导向，但并不意味着要独自完成。水平化文化中有许多方面可以自己一人完成，但反馈却不能独自完成，需要其他人的配合。这种类型的结构化过程有助于团队转变对待事物的思维方式，从而缓和因边界感引起的恐惧和不安；有助于通过集体智慧加深个人学习力，与他人一起学习有助于超越个人局限性。

练习

找一个你觉得相处舒服的人一起练习“触发日志”。两人各自从过去一周中挑选三个“触发点”彼此分享，并互相提问“你从中学到了什么？” 这个问题有助于我们从中积累经验。

工作与学习相辅相成

团队或组织可将上述练习嵌入到组织的学习与成长路径中。“嵌入”的意思是组织可以在某工作节奏中确定某些时刻为重要时刻，且该时刻对个人及组织具有一定价值。工作与学习的相辅相成作用远比我们想象得要深。

在组织中确认学习时刻的方式多种多样。我曾在加拿大参与过一系列的工作坊，在共创过程中邀请专家分享经验与见解。有位参与者发现自己在这个过程中学到了很多共创的方法论，于是她问这些时间是否可以判定为职业发展的时间。这些工作坊并非以培训为目的，实际上是工作。然而，在工作的过程中，学习也同时发生，并且我们相信这是值得认可且应该感到荣幸的事。

工作与学习相辅相成为未来提供了很多可能性。“学习项目”呈分布式态势，轻度的学习练习可以嵌入到日常工作中。“学习周期”有助于我们将其更好地落地实现。“学习周期”对一群三个月内开八次会议的人来说是一个民主的学习过程。这是建立在边实践边学习和转换学习理论的基础上[38]。每天的工作经验即是我们的学习课程。个人将通过结构化工具如个人学习合约、理论模型以及反应练习为学习过程打下良好的基础。其中，重点在于提高个人信任与信念的自我意识，如果时机合适的话，也要让他们不断地进化。在这个过程中，我们通过反复练习积累经验，从而学会把握事物的复杂性。

练习

回顾上周工作，看看在哪些领域你收获了学习与成长。然后，找一位同事聊聊此事，强化你的学习。想想看，你希望组织如何支持你的学习？

重新思考绩效考评与指标

我们乐意将工作做得又好又出色。在非层级化文化中，绩效考评是从对员工进行考评的过程转变成全体员工一起考评的过程。在此，绩效考评变成了一个学习过程。许多公司的绩效考评不再是一项代价高昂的年度事件，而是变成融入日常中的常规事项。奈飞（Netflix）公司就是典型案例。这家公司已经完成了这部分的转型。[39]奈飞公司将正式的年度绩效考评变成了常规的绩效对话，融入日常工作中。起初这家公司是以匿名软件的方式进行绩效考评，后来变成了记名反馈和面对面讨论的方式。个体可以有他们自己的绩效练习。在非层级化文化中，绩效考评还有两个特点，即考评指标由集体决定，且绩效考评是水平化的过程。

集体共同决定考评标准

考评指标的选择与制定很重要。一个组织的价值是通过其考评指标来体现的。比如，这家公司的考评指标是服从，而另一家公司的考评指标则是志向,那么这两家公司就会很不一样。有时候公司的考评指标只是为了彰显专业性。而要想考评指标有意义，就必须有所支撑。如果组织的考评指标太多或太抽象，那么人们就会对此漠不关心，因此需要找到考评指标令人愉快的点，以支撑其目标。核心在于负责考评的人可以参与考评指标的制定与完善。这条基本原则需对所有人明确。哪怕你在组织中并不处在权力位置，也不要沮丧。通常说来，哪怕没有向所有人明确发出邀请，大家也会希望有办法对系统进行优化。你依然可以找到办法将你的想法与经验带给组织，帮助改善组织的考评指标。

水平化考核

一旦组织有了清晰的共创的考评指标，就需要从用指标作为处罚威胁转变为用指标支持大家成长与进步。组织通常会以垂直化的方式进行绩效考评,因此很难为水平化练习提供空间。有一种水平化绩效考评是让组织能力架构以“同侪评估”的方式对员工进行能力考评。同侪评估意味着对“能力”的认可是来自同事而非所谓的上级。例如,某个组织设置了系列标准能力,同事们可以就这些能力提供同侪评估。在一张表格上列出 20 种核心工作能力，如此有助于这些能力的培养与掌握。员工对这些能力进行自我评估，同时对同事进行评估。对你而言，熟练掌握某种能力意味着至少有三位同侪评估确认你的水平达标。

另一种水平化绩效考评是参加绩效会议。首先每个人应该清楚地知道绩效考评的具体指标。比如在 Percolab，我们针对网站建设有三项明确指标：①员工认为官网很好地对外展示我们的组织特色；②官网运行正常，无技术问题；③官网每月访客递增。我们邀请每个人展示他们各自负责的指标并管理他们的评估流程。比如，对于网站负责人而言，第一项指标的分值是 1 ~ 10 分，他会邀请同事们为其打分；另外两项指标，则会将数据同步到群组中，供大家参考。如此一来，对于指标的责任感随即分发到团队之中，而非在团队之上。

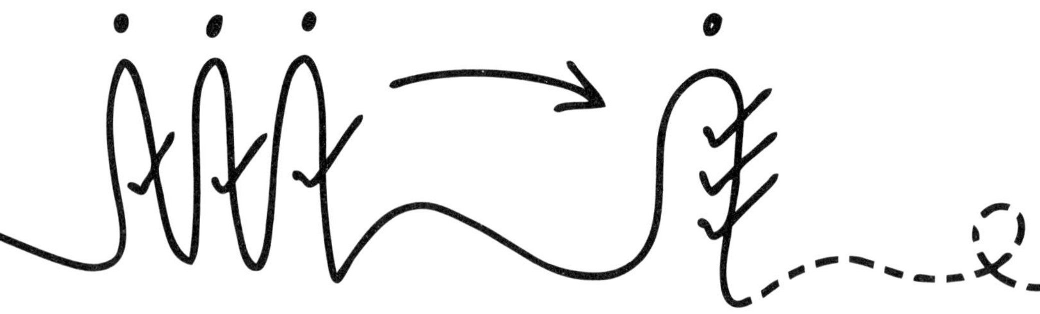

如前所述，非层级化的学习有三项原则，即自我导向、人人平等和共同学习。你是如何以这三项原则来处理你的绩效考评的？首先，将绩效考评作为练习融入我们每天的日常工作中。接着，确保同样的标准也同样适用于其他人。最后，确保每个人都参与到政策与流程的决策中。如此一来，只要开始练习，就是在培养谦虚的心态与自我接纳的能力。

练习

想想看，组织中有没有哪个指标可以进行迭代？与一两位同事一起共创这个迭代过程。当然这个版本的提案不是最终版本——仅为初稿，有待讨论。

小结

水平化文化中，学习与成长的三条基本原则：自我导向学习、平等学习、共同学习。以下是三项核心练习：

（1）对自己的学习与成长负责。自我觉知并投入到你的学习需求和渴望学习的方向。每半年完成一份学习路线图和能力周期表。围绕某个项目 / 某种情况设置学习目标。看看你的学习与成长计划将获得多大程度的权限。

（2）在日常工作中嵌入学习与成长的练习。让每天工作都为学习与成长提供养分。通过诸如意义建构、反馈、触发日记和学习周期等方式挖掘潜能。

（3）重新思考绩效考评与指标。在水平化文化中，绩效考评不再是年度事件，而是变成一个常规的共创过程，实时在组织中流动。考评指标是由大家共创并以民主的方式投入使用。共创的过程包括同侪评价和集体评价两种练习。

水平化文化认为，组织视个人成长作为组织成功不可或缺的一部分。

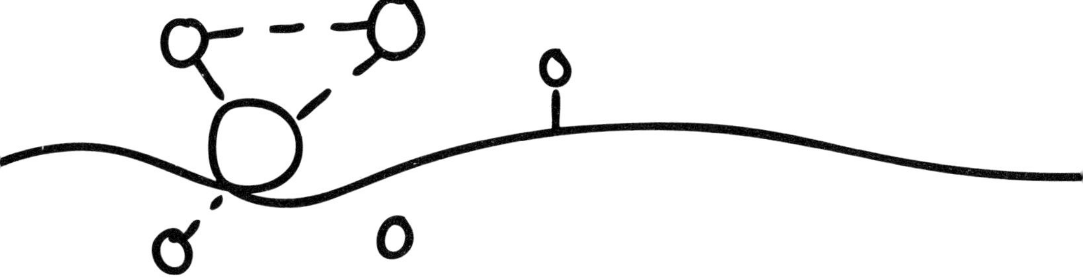

第九章

关系与冲突

共同处理

最好的武器是坐下来谈。

纳尔逊·曼德拉（Nelson Mandela）

关键要处理好关系与冲突

层级化文化的底层是“家长—孩子”模式的思维方式。由管理者处理矛盾与冲突、充当裁判，并为下属处理人际问题。在某种程度上，这种方式确实便利，但也让员工得以袖手旁观，无须承担相应责任，甚至还可以甩锅给其他人。相比之下，在水平化文化中，则是所有人对所有人负责。如果大家没有达成共识，那么则由大家共同解决。没有人会坐等某个“大家长”来解决所有问题。非层级化组织的特点是“我为人人，人人为我”。

如若组织能帮我们学会更好地处理关系，那我们该当如何呢？假如工作可以让我们掌握各种技能，如表现力、表达力、倾听的能力以及处理冲突的能力，那我们又该当如何呢？这些技能是我们生活的基石，组织比个人更需要这些能力。为了将责任与义务分发出去，我们必须掌握这些技能，而不是在需要的时候依赖某个管理者。

在层级化文化中，冲突被视为不正常或不健康的存在。当发生冲突时，员工认为这是在消耗他们的精力，同时还会感觉自己处在人际互动的重重困难之中。但如果我们将冲突视为生活与工作的一部分，甚至积极拥抱冲突，那么就可以更好地处理冲突，不管是个人的还是集体的，均可。唯有如此，组织才会真正地建立起解决冲突的能力。越多的人参与互动，冲突就越不会影响工作进展。这项练习是所有练习中最复杂的部分，总之，是让我们通过练习学会如何与人相处。

本章，我们将重点探索四种练习：①培养团队关系；②专注当下；③建设性地发言；④拥抱差异与冲突。提前预警：关系与冲突绝非易事。练习过程中，你会遇到各种挑战。总有人跟我们说工作就是要专业化，不要个人化，而水平化练习则要求我们既要专业化又要有关联性。这些练习有时会产生对抗性和疑惑性，要根据自己的情况进行适度调整。这些练习本身难度较高，但如果能在工作中运用自如，对你个人生活也会大有裨益。

培养团队关系

我们天然地珍惜我们的社会关系，并优先进行培养。我们的集体礼仪比如毕业典礼或订婚仪式均有助于关系的培养。我们知道如何将我们的日常习惯暂放一旁，承认与他人的特别时刻。在垂直化工作文化中，具有仪式感的行为，比如一起出去玩、吃生日蛋糕都有助于我们建立团队关系。团队建设已然是一个价值数十亿美元的产业。团队建设有助于加强团队关系。在某种给定情境中，团队所有人一起接受挑战，比如在河上搭一座桥，搭好之后一起过河。当团队成员之间的关系得到加强，团队就可以携手共渡难关、处理各种挑战。

首先，我们需要明确何为真正的“关系”。在非层级化的工作文化中，我们将同事视为同伴，他们值得我们尊重和支持，但若想着与每个同事成为朋友则是不健康的目标。当然，有些同事可以成为朋友，甚至超出工作范围的朋友。交朋友本是极好的事，但这不是组织的目标，甚至会成为陷阱，让人深陷其中无法自拔。不要只关注我们的同类，要向所有同事开放，在威廉·伊萨克（William Issacs）看来，这叫“非个人化的伙伴关系”[40]，其原则在于人与人之间彼此尊重，而非寻求友谊。

现在我们来看看工作环境中培养团队关系的三种方式。不管你在组织中处于何种地位，均可在促进团队关系的发展中发挥作用。其中，部分练习可自然地归为个人类练习，其他则可向团队提议尝试性地练习。

小小的仪式感

如果你决定培养周围的团队关系，那么有很多小办法可以嵌入到日常工作中。当你和团队开会时，可植入“签到”环节，将所有同事当作是一个个独立的“人”。比如，你可以说“正式开会之前，你们觉得这个项目怎么样？”“最近还好吗？”“这个项目是否影响到你的睡眠？”“我们彼此之间需要同步哪些信息？”这类问题并非会议的关注点，只是在开会之前帮助大家将彼此视为平等的“人”（详见第五章会议部分）。

欢迎新人仪式

新人欢迎仪式是建设团队关系的绝佳机会。许多组织误以为团队建设就是让员工彼此成为朋友，诸如团队聚餐之类的。

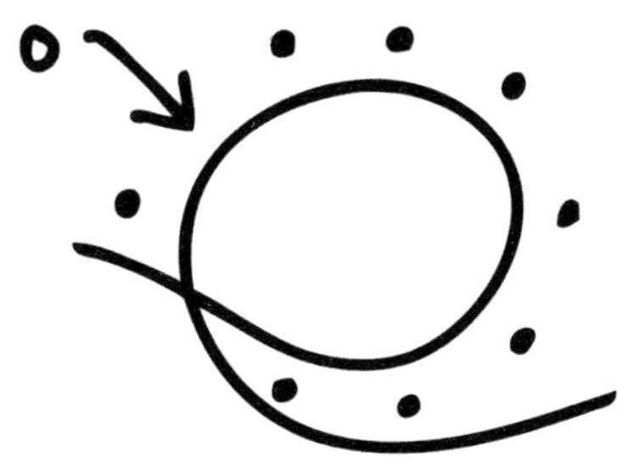

团队聚餐确实不错，但如果能在聚餐时多加一个环节，将有助于促进团队成员之间的关系。也就是在聚餐时，准备一些问题，大家都能说说自己的想法，例如：“你是如何加入这家公

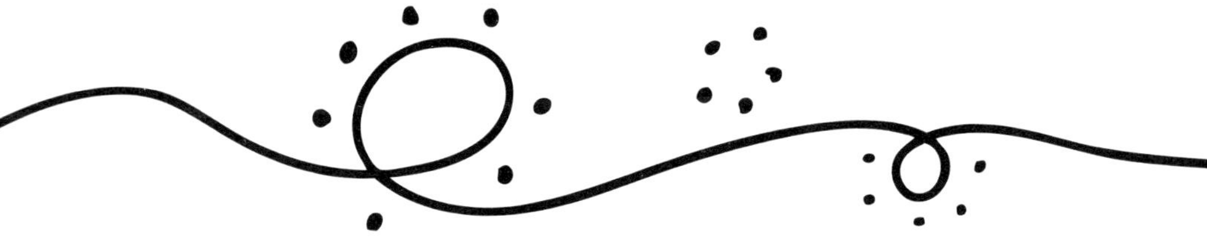

司的？”“在什么时刻为自己是这家公司的一员而感到自豪？”“有哪些关于公司的事是其他人不了解的？”“所有做过的项目中你最喜欢哪个？”诸如此类，也就是说，让对话内容与工作相关，但与成果无关。

在 Percolab，我们是流程的设计者，所以我们开发了一个欢迎新人仪式。我们真的很喜欢这个仪式，既可以在办公室里进行，也可以在团队午餐的时候进行。流程如下：

- 新人选一位同事代替他们提问。
- 被选中的人代表新人提问。比如，可以问“让你感到焦虑的是什么？”或者“你最喜欢哪种项目？”
- 每个人以新人的角度轮流回答这个问题。此时新人不能做任何评论。
- 当所有人轮流回答完问题之后，新人根据自己听到的内容从中选出最接近他们自己的那个回答。

如此这般，每个人或多或少对这位新人有所了解，同时，对团队其他人如何思考，如何观察，这位新人也有所了解。

欢迎新人仪式为每个人创造分享的机会，从而促进团队关系。

团队静修

如果你想让组织更好地滋养团队关系，那么可以带团队去静修。如果组织不好好建设团队关系，那么是要付出代价的，即当关系紧张或未言明的问题出现时，会致使团队离散。因为压力太大，可能会让有人想暂时逃离工作或甚至离开组织，致使付出高昂的招聘代价和人员培养过程。团队静修是主动地保持团队关系健康的方式，在这个过程中允许想法和能量自然涌现。静修不是大家聚在一起社交或者只是讨论组织战略，而是在一段宽松的时间段内，每个人都可以提出潜在的问题、担忧的事情，以及奇思妙想，然后大家一起讨论、一起探索，一起分享经验。

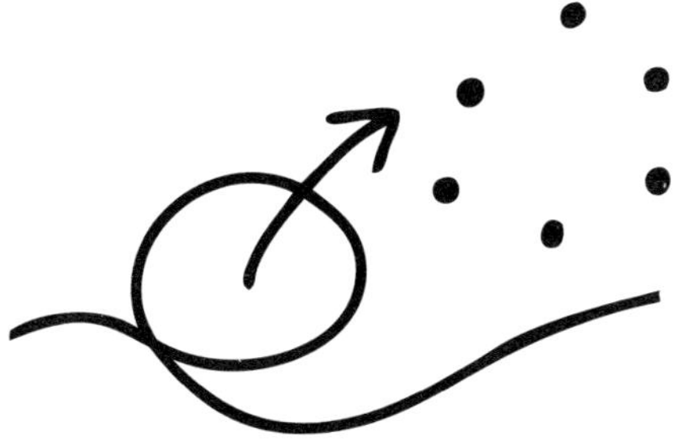

以下案例，为大家提供让团队专心工作的框架，但同时又带有静修的体验。

- 每个人列举他们（近三个月）所感激的事（与工作相关）和他们需要述说的事。
- 每个人分享静修之后他们想要完成的事。
- 每个人做一个结构化的写作或进行头脑风暴，思考一件担忧的事或一个问题，之后与他人分享各自的想法。
- 每个人想想那些他们已经或可能知道的想法。然后分小组探讨这些想法（无须提前让大家知道这个活动）。
- 可以组织徒步旅行、划船、骑自行车等活动，在最开始的时候，抛出一个战略性话题或问题，邀请所有人对其进行思考，接着，大家自由结伴。在到达山顶或目的地后，所有人一起讨论该话题。这个活动有助于大家对议题产生新的想法，并有助于拓展团队思维的深度与广度。

- 大家一起做饭。

在静修的空间内，团队的每个人均有机会深入探讨他们认为重要的问题。大家可以处理日常运营中不允许的事情。保持自然状态有助于让这个过程更顺畅，因为大家此时的状态更放松。

团队关系将作为基础工作支持以下三个练习，这些练习在工作环境中更具挑战性——因此你可以将其视为是明智的投资。

练习

从你的组织中，举例说明三件关于团队关系建设的事。

在工作环境中找一个关系建设的机会，你可以独自尝试，也可与他人非正式地尝试。

专注当下，也帮助他人专注当下

我们不能在谈论关系与冲突的时候不谈论我们专注当下的能力。人人皆有各自的触发点，人人皆有各自专注当下的方式。我在公园里散步是专注当下，而我们的女儿在跑步机上一边跑步一边听着超级大声的音乐也是专注当下。不管是接纳某种情境还是递杯茶，我们也总有办法帮助其他人回到当下。

我 20 岁那年去上大学，在学校的夜店里有一波暴力行为。除了安排一堆保安驱逐闹事的顾客之外，并没有实质性地解决问题。我想到了一个非常简单的办法，但对于夜店来说却是很激进：为什么不试试安排几个女保安？我作为女保安之一参与了这个试验。记得值班的第一个晚上，我非常紧张，担心自己会被醉汉辱骂或攻击。那天晚上，引发骚动的小火苗无处不在。可能被人戳一下，或说错一句话，或有人挑衅，立马就会引发状况。我没有在门口等着——而是悄悄走到一桌桌气氛紧张的客人面前，与躁动不安的那些人不同，我不过是温和地将手放在他们的肩上，对他们说："嘿，没事吧？"这一举动充满了魔力。紧张的气氛立马就化解了，场面缓和了许多，每个人又都恢复平静。事实上我并没有驱逐谁。这就是我们可以在工作中为彼此做的事。事实上，平静的影响力足以改变工作环境。

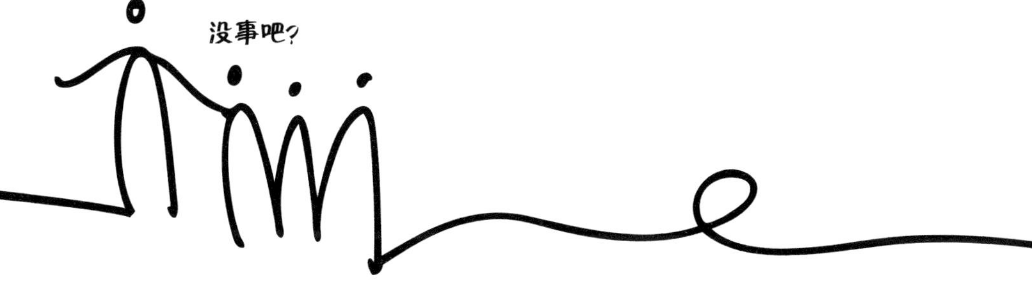

工作环境中正在掀起一股提升正念的热潮。当我们无法专注当下时，我们就会犯错，我们就会说一些让自己后悔的话，我们还会浪费工作时间。像谷歌这样的公司，已将正念课程及正念空间融入其工作环境中。主流媒体也在争相报道正念是如何为工作文化作贡献的。[41] 基本上，正念练习是为了培养我们活在当下的能力和觉察的能力，不作任何判断与分析。培养我们更加活在当下或专注当下的能力，是指我们要更加关注自己的内心状态，并且有能力让自己的内心变得更加宁静。在领导力训练中融入正念愈发为人所接受，大家并非在追赶潮流，而是正念确实会对工作文化起到至关重要的作用。在水平化文化中，我们努力变得更加关注我们的内心状态，帮助彼此回归当下。专注当下是集体的责任。

如何练习？

（1）如果你意识到自己处在反应模式中，要大声说出来。比如，你可以说："我注意到我自己正在做出反应，稍等再作反馈。"

（2）如果你注意到有人开始躁动不安而无法专注当下时，你可以对团队说："要不我们休息一下？"或集体沉默一分钟，如此一来，每个人可以回回神。

（3）当你感到焦躁时，可以看着对方，让他们知道你是想听他们说话的，但现在不是时候。

（4）你可以在会议的最后环节嵌入集体仪式感，抽出一些时间回顾你们的反应以及你们是如何处理这些反应的。

将"活在当下"作为共同的责任并非易事，但这是水平化文化的核心。

练习

在不同时刻，我们会无法专注当下。找出两个你无法专注当下时的反应。

找一个让你回到当下的办法，再找一个让你同事回到当下的办法。

建设性地说出你的想法

我本人爱吃鳀鱼。吃饭时，点一份凯撒沙拉，如果菜单显示沙拉里有鳀鱼，但上菜后我发现沙拉里并没有鳀鱼，这时我会直截了当地说出来。倘若在职场上也可以如此自在地说出来，那就好了。练习“大声说出来”是水平化文化成功的关键。不过，你可能会怀疑自己是否能说清楚，或担心因此收到别人的反馈，会不会导致情况变得更糟。通过练习，我们可以化解这些忧虑。以下三种方法可以帮你“大声地说出来”：①沟通模型；②“情境—行为—影响”法；③“大声地说出来”练习。

沟通模型

我们逐渐意识到职场中的沟通更多的是表面化的沟通，不是真正的沟通。U 型理论有助于帮我们理解沟通的四个维度：[42]

（1）礼貌的沟通。既不得罪人，但也无建设性意见。

（2）提出观点。论述观点、据理力争，并使他人信服。

（3）对话。真诚地询问，从而真正地理解他人的观点。

（4）共创。团队性对话比个体性对话 / 思考更具创造力。不再专注于让别人都像你一样思考问题，这是一个彻底的转变[43]。

“情境—行为—影响”法

如果你的声音没有被听见，就会导致原本简单的情况变得紧张起来。举个非常典型的例子：由于某员工住得离公司比较远，因此其雇主同意该员工下雪天可在家办公。不久后，有一天这个员工跟雇主说，由于交通状况差所以她在家办公——不是下雪，只是交通状况差，这时雇主感觉这个员工钻了空子，如果没人以健康的、真实的方式说出来，双方之间的张力将会升级。如果雇主下令调整这位员工的岗位或训斥她，此时层级化文化就会被强化。但如果雇主没有表达自己的不适感，只是将引起的后果罗列出来，然后将问题交还给个体，那么会发什么呢？

威廉·金特里（William Gentry）创设的方法论——“情境—行为—影响”法，或许能帮我们解决这个问题：[44]

（1）情境。描述情境，具体到事件发生的时间、地点。例如，你可以说“昨天你没来办公室。”

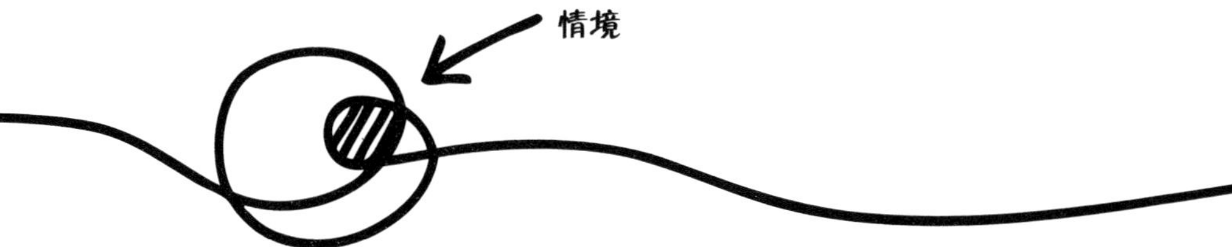

（2）行为。描述你所观察到的行为，而不是假设你知道这个人在想什么。例如，你可以说“你告诉我，你没来办公室是因为交通状况不好。我们确实同意下雪天你可以不用来，但我们没说交通不好可以不来。”

（3）影响。表达你对该行为引发的所想或所感。比如，你可以说“我们原本的约定是雪天可以在家办公，但你的行为超出了我们原本的约定范围，我觉得你这是在钻空子，这让我很为难，也无法向其他员工交代。因此，我想取消咱们原来的约定。”

一旦都说清楚之后，你可以问问她觉得该如何公平地处理这件事。每天我们的工作中都会出现一些很小的事件，但如果

处理不及时就有可能变成棘手的问题。在 Percolab，有一天，我们的一名员工不小心把网站上的目录给删了。而我只是简单地说“昨天你更新网站的活动内容时，把主页右侧的目录给删了，现在目录是空的。如果有访客浏览我们的网站，可能会以为我们的网站还没建好，目前没活动。” 这个员工没有辩解，并且情况属实。然而，事实是这位员工当时在给活动区设置特别棒的新系统。如此可以看出，此法有助于我们想办法解决问题，而不是让人陷入自我辩解的境地。

练习

是什么让大家不愿说出来？一般情况是，说出来可能会冒犯别人或不确定自己能否平静地沟通，从而导致不愿说出来。在垂直化组织中，员工会等管理者来说，但在水平化组织中，团队有责任、有义务说出来。说出来可能会让人产生不适感，因此需要通过形式化的练习帮助大家说出来。你可以从个人练习开始，每周确认与他人的沟通是基于“情境—行为—影响”法。你也可以在小组里提议进行这样的练习。比如，每周有一个反馈时段。切记，这不是在浪费时间，这是在主动、及时处理问题，在这些问题变成更大的问题之前，先扼杀在摇篮里。

非层级化最难的练习是向同事就责任问题大声说出你的想法。看着对方的眼睛，以这种方式坦诚地沟通起初实属不易，但经过练习就容易多了。这比含糊其词更具有建设性，含糊其词不仅让人不自在，还会产生错误信息。下图所标示出的是四种交流类型：其中有三个陷阱我们已经掉进去了，而第四个，则是我们应该瞄准的目标——建设性沟通。

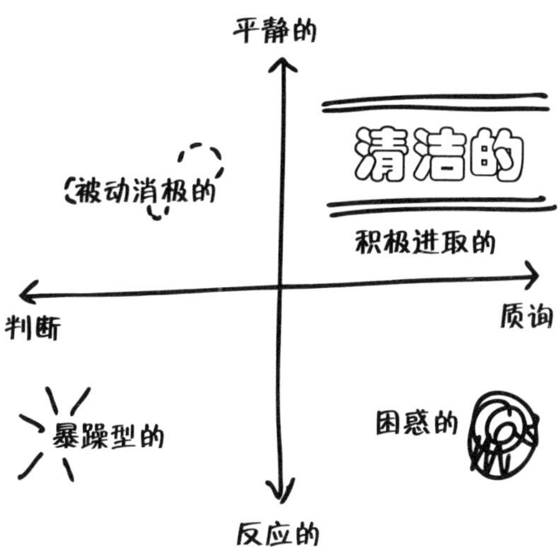

人力资源部门可以通过帮助员工就责任问题进行练习——大声说出来，从而支持组织向非层级化方式转变。培养这个练习对于健康的组织来说极为重要，在此之前，水平化文化仍会艰难地成长。

练习

想找到一个组织中让你困扰的情境，从组织的目的（而非个人偏好）出发，描述该情境的基本事实以及造成的后果，然后找一位同事，对他友好地、清晰地、建设性地说出这个情境，不指责不责备。回顾这次交流：看看与你想象中的有何不同，是变好了还是变差了？

拥抱差异与冲突

不管媒体让我们想什么，我们天然是爱好和平的物种。我们一直生活在差异和分歧中，比我们可能意识到的还要多。当遇到冲突时，我们会寻求他人的建议、智慧和支持，想办法解决问题，而不是将问题甩给别人。但在职场中，我发现一个很奇怪的现象，我们会将分歧交给管理者处理。然而，解决冲突不仅让他们筋疲力尽，且效果不尽如人意。我们以为管理者会更适合处理冲突。相比之下，在水平化文化中，员工会自行处理冲突。

进一步探讨这个话题之前，我想提醒各位，要降低对于长期和谐的预期，才不至于当出现冲突的时候产生失望、沮丧或惊恐的情绪。如果多种观点可以并存，那么就需要健康的分歧存在。在亚当·卡亨（Adam Kahane）的书《与敌人合作》（*Collaborating with the Enemy*）中提到，垂直化处理问题的方式都是错的。[45] 我们坚持在面对问题、面对解决方法、面对安排时，要明确地达成共识。他说，相反，我们需要尝试不同的视角和可能性。我们不要想着改变别人，而是要想办法改变自己。我们这样做的时候，我们可以训练自己解决冲突的能力。以下我们将讨论三种非层级化练习，以帮助我们提高解决冲突的能力。这些练习让我们共同管理冲突，而非将冲突交给管理者。

接纳自己面对冲突时的倾向性

有各种各样的框架体系和工具可以帮助管理者更好地理解冲突，而这些框架体系不仅对管理者适用，对组织内所有人也适用。在此，我们着重介绍托马斯·基尔曼（Thomas-Kilmann）冲突模式工具，该模式提出了面对分歧时的五种反应类型：

（1）回避型。回避问题或置身事外。

（2）适应型。忽略个人感受，接纳他人意见。

（3）和解型。折中方案。

（4）竞争型。为达目的不择手段。

（5）合作型。寻求创造性解决方案，合作共赢。[46]

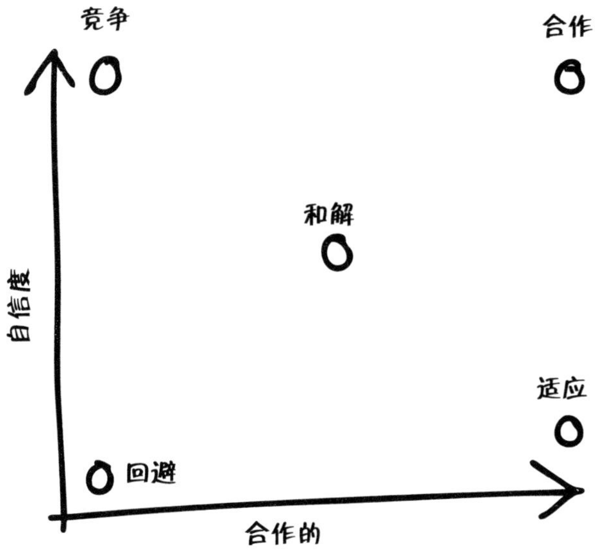

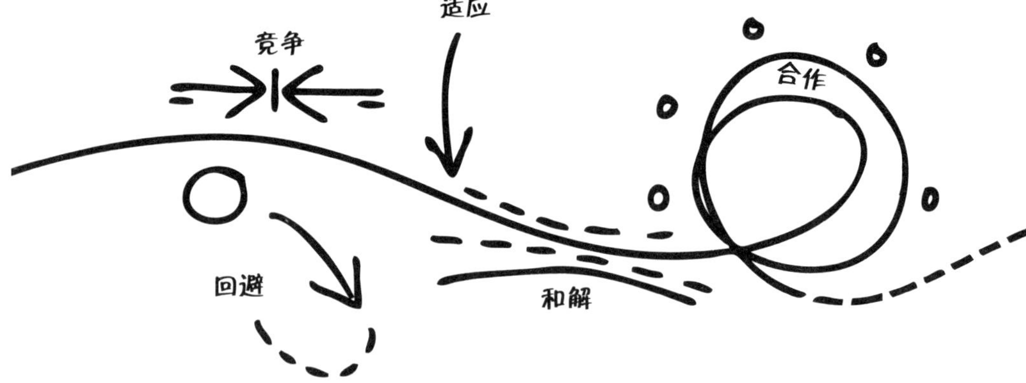

你的个人图形将基于以下两个要素，即自信度与配合度，你的情况取决于这两条参数。图中五种类型并没有高下之分，因为我们在反应时这五种类型都有可能涉及。该框架的重要性在于帮助我们面对冲突时保持清醒。

练习

你本能地会如何解决冲突？

想想看哪种情况下，该方法有助于解决冲突，哪种情况下又解决不了冲突。

集体化、系统化的方法

在垂直化文化中，冲突是两方之间的问题，其他人避免“卷入其中”。而在水平化文化中，则对冲突管理采取相反的态度，即冲突是系统性的问题。“两方之间”的冲突通常所涉及的范围比实际表达的要更广泛。而将冲突列为系统性问题则说明重点不在“卷入其中的当事人”，而在于找到问题的根本所在。这是一种不同的方式，即“人际冲突”。

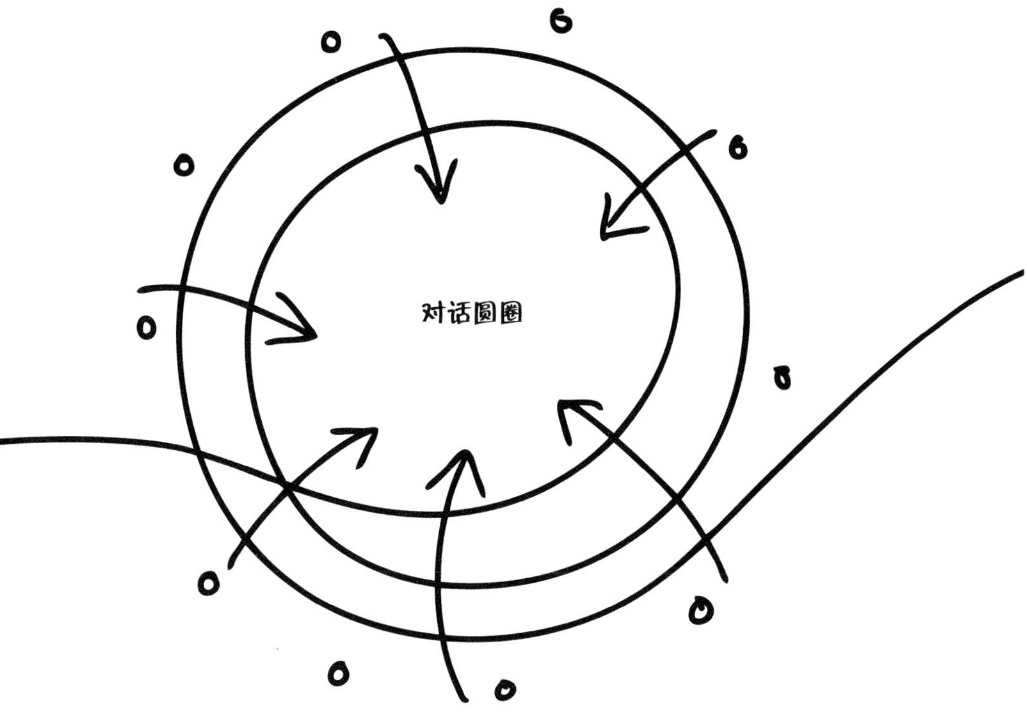

这里介绍一个简便的方法——对话圆圈，可用于集体性地表达冲突。[47] 首先，召集与冲突所有相关人员，尽可能让大家围坐一圈，这样有助于避免让问题陷入“两人对立”的困境。确保你手里要拿个东西，作为发言信物，比如一支笔、一块石头、一个球，具体不限。总之，这些东西有助于我们在对话中保持清醒、恭敬的态度。虽然听起来有些古怪，但确实尚未有其他方法可以有效地让我们系统性地面对冲突。以下为对话圆圈的具体步骤：

（1）开场欢迎。说明召集对话的缘由，告知所有人本次对话的核心问题或诱因以及建设性的构思，比如，你可以说“随着组织的不断扩展，我们该以何种方式把我们自己组织起来，从而让新员工感到自己是受欢迎的，让老员工感到自己是受关怀的？”同时，在讨论期间达成共识。

（2）介绍发言信物。从介绍发言信物开始，不管这场对话所选择的发言信物看起来多古怪，接纳它即可。接着，说明其真正的效果是让大家尊重对话，鼓励大家认真倾听。当有人拿着发言信物时，其他人都抱持着开放的心态进行倾听。因为此时手持发言信物，即意味着他们只说自己的经验，分享他们真实的想法和感受。如果你愿意，甚至可以安排“沉默时间”。所有人要对着圆圈的中心说话，不可以对旁边的人说话。

（3）轮流发言。第一个发言的人，先举起发言信物，然后进行发言；接着将发言信物传递给下一个人，围着圆圈让每个人轮流发言。如此一来，每个人既可以听到别人的发言，也可以让别人听到自己的发言，同时接受其他人的询问。

（4）结束对话。最后一轮邀请大家表达谢意或说明下一步的工作思路。

在圆圈对话过程中，有些人会产生不适感，因此你要告诉他们这种情况实属正常，然后继续对话。

想象某项目超出预算，这时又发生了冲突。如果是因为超出预算而引起的冲突，那么可能会关联到更广泛的议题。不要只是跟“卷入冲突”的人员开会，你可以将讨论扩大为问大家：“当项目超出预算时，我们该做什么？”并邀请组织里的每一个人参与讨论。如此一来，就不是一方对抗另一方的局面，而是创造一个集体问询的场合。有时候，这类探索会共创出新的提案，从而更新组织的某个政策。通过这种方式表达冲突，可以优化组织的设计和程序。

练习

从当下找一个风险不高的情境，以低调的方式邀请大家参与对话，处理该情境，确保参与者均为相关人员。基于以上四点原则，组成一个集体圆圈。初次尝试可能会让人战战兢兢，但只要坚持，就是胜利。

治愈情感创伤

当冲突发生时，你需要治愈情感创伤。我们在生活中是做得很好的——发生冲突之后，通过分享食物或者礼物或是某个特殊的时刻,进行关系维护。在工作中我们不需要重新建立友谊，因为我们是同事，但是我们需要治愈由冲突引起的情感创伤。如果我们不进行修复，那么未来可能就会破坏组织处理不同意见的能力。治愈过程不必太广泛，但是需要用某些仪式感来平衡内心。例如，某个温和的举动或分享食物都有助于修复关系。这些方式看似简单，确实有效，不容小觑。

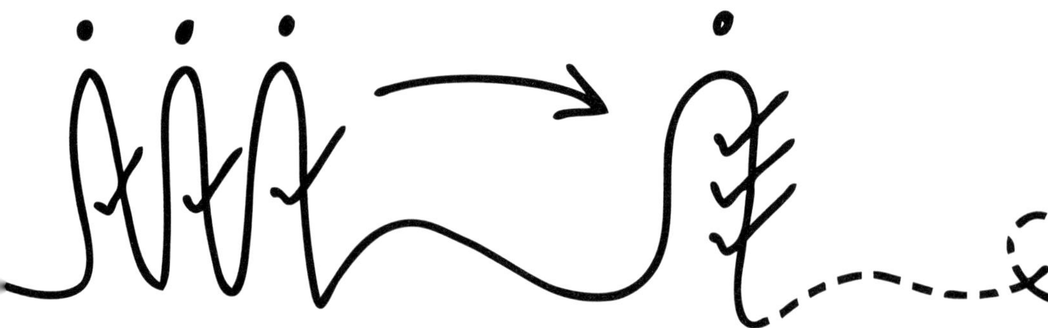

小结

健康组织生活的基石包括活在当下的能力、大声说出来的能力、认真倾听的能力以及解决冲突的能力。你必须自己掌握这些技能，而不是依赖管理者。通过以下六个练习培养相关能力：

（1）培养团队关系。举行活动和仪式，如开会时签到、欢迎新人仪式、组织静修等，有助于我们在工作中看见其他同事。

（2）活在当下并帮助他人活在当下。保持专注是解决这些困境的关键，也有助于帮助其他人保持专注。

（3）建设性地说出你的想法。当你发现某件事出问题时，你有责任说出你的想法。你的重点是服务于组织的目的，而不是屈从于你的恐惧。

（4）接纳你面对冲突时的倾向性。你更倾向于合作型寻求创造性解决方案，还是更倾向于回避型、适应型、和解型或竞争型？

（5）集体性系统性地解决冲突。对话圆圈创造一个安全的场域，让人跳出自卫的对立位置，激发更有深度的洞察力与思考力。

（6）治愈情感创伤。治愈仪式可以修复团队关系。

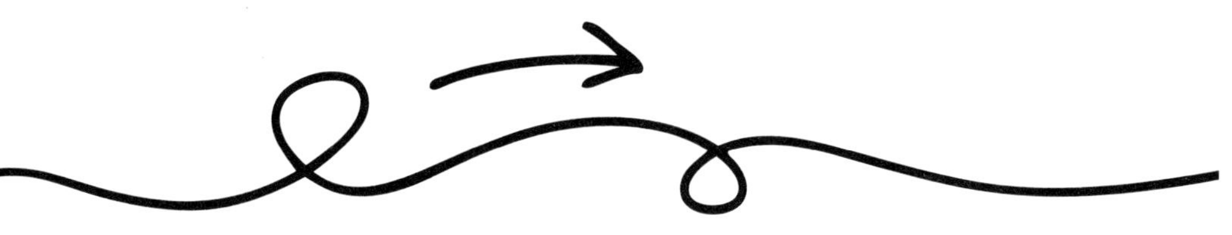

第十章

从这里开始，你要去往何处

发掘你身边的机会

没有犯过错的人不会尝试新事物。

阿尔伯特·爱因斯坦（Albert Einstein）

开展练习

本章旨在帮你及你所在的组织开始培养非层级化练习。记住，从你自己开始，不要操心别人要做什么，只需专注在你自己要做的事上即可，如此你方能更有建设性。你可以根据书中的线性顺序练习，也可以随机选取章节练习。随着水平化思维方式的加强，你会发现任何一章都不容错过。

鉴于非层级化文化不仅仅在于非层级化的实践练习与思维方式，也在于结构性和原则性的转变，因此你可以随时随地开始。本章练习将分为五个步骤，即五步法，这些练习将会在具体工作环境与工作场景中发挥作用。所有练习都是互通的，但如果每次能刻意地专注在一个练习上，则有助于我们更深度地学习与成长。你会找到那些你想要培养的种子，即富有合作精神、共创精神、参与精神的种子，然后毫不犹豫地投入行动。记住，关键是练习、练习、再练习；只有实践练习，才会让你进步。

第一步：确定一个你关注的练习

现在你对本书所涵盖的七大板块的练习应该很熟悉了，你需要找出你的注意力所在，如何找到你的注意力所在？方法如下：①通过“自我评估”看看你的需求所在；②“检视工作环境”找到练习机会；③“确定一个练习”把你的自我评估和工作环境检视结合起来。

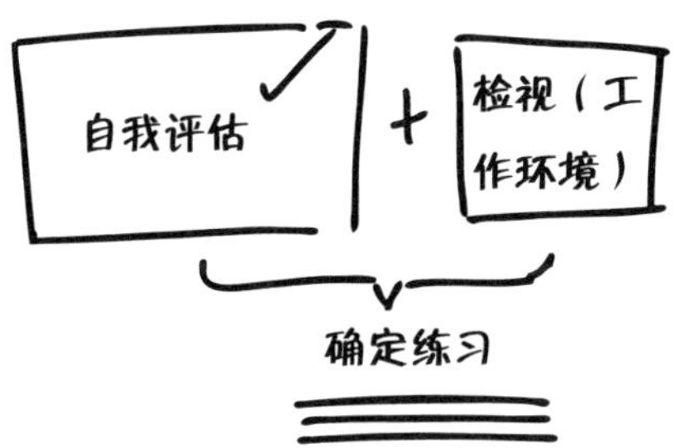

这个过程会让你明确自己需要关注哪个板块的练习。如果你已知晓，请直接跳到最后一步，将练习逐一记录。

下面是自我评估。建议你花 5 ~ 10 分钟完成自我评估。如果你是与同事一起阅读本书，你们可以同步练习，之后再比对你们的结果。

对于每一个板块的练习，你可以给自己的技能和熟练度打分，也可以给你的团队或组织打分。这项评估可以帮你确认哪些练习你已经掌握，哪些尚未掌握。

你所关注的板块练习应该对你的工作环境是及时且有用的。检视工作环境可以找出工作中自然发生的情境与机会，在这些情况下，你可以完成水平化练习。

水平化练习的自我评估

非层级化练习	技能和自适度 0 ~ 10分（最高10分） 个人	团队 / 组织
自治。自主管理工作时间、工作地点、工作方式：关注组织，接纳具有挑战性的习惯，并表明你的边界，让其他人决定他们自己的任务，助力取消批准。在你关注的事务上主动承担责任并落实到行动上。培养领导力，让自己和其他人更有责任心。	____	____
目的。凡事皆要明确目的：目的明确地邀请他人参与，保持目的在正轨上，自觉地向目的看齐，接受、干预或推动付诸行动来保持目的在正轨上。	____	____
会议。对会议负责，确保会议过程的合作性、公平性以及参与性。设置合理的会议流程，所有人自主决定是否出席会议，并分享会议的组织、会议的文件以及会议的协调。	____	____
透明化。默认“打开”信息、想法、方法，甚至是过失，让文档易于访问和使用，让你的日常动态对其他人可见。邀请外部人员参与。帮助组织提高透明度，诸如：预算、簿记、利润与价格以及薪水等。	____	____
决策。根据具体情境匹配决策方法，明确所需参与的事项，使用不同的意见表决系统。让其他人决策并对结果表示肯定，让决策过程对所有人可见，培养你及他人提建议的思维方式。	____	____
学习与进步。对自己的学习负责，并清楚自己的学习需求与学习愿望。帮助解除学习批准。积极主动地嵌入学习仪式感（意义建构、反馈和动机日志）和过程。共创、记录并使用评估指标。	____	____
关系与冲突。培养团队关系，专注当下并帮助他人专注当下，建设性地发言，意识到你冲突时的倾向，系统地处理冲突，治愈情感创伤。你可能会发现在你个人的能力与自适度和你的团队的能力与自适度之间存在着差距。这部分应该挺有意思，你可以关注一下。	____	____

检视工作环境，有助于你在工作中看到机会、发掘机会。

工作环境检视

关注未来几周

哪些项目或活动即将开始 / 发生？

哪些项目或活动即将结束 / 收尾？

哪些地方以及哪些人是你觉得可以信任并互相支持的？

你觉得哪里是有能量的？哪里是有张力的？

哪些原则需要关注？

工作环境中，哪两个机会是你所关注的？

（1）

（2）

现在，将以上问题串联起来。当你既看到你的自我评估需求又看到你的工作环境机会时，你可以选择你想要重点练习的部分。比如，如果有新项目刚启动，那此时就是明确目的的绝佳时机。或者，马上要开一个会，参会的人都是和你有着长期的、信任的关系，那么这个会议就很适合开展“签到”或“反馈”的练习。如果你不能确定某个板块的具体练习，那你可能需要重新回看那个章节，或许会有启发。

你会专注于哪个练习？你会在哪里进行练习？

练习板块：

练习：

工作地点和工作时间：

第二步：练习前的准备工作

现在你已经知道选择哪个练习进行重点训练以及练习的时间和地点，是时候准备练习了。为练习做准备时，要明确：①该练习是否是个人的、非正式的，还是尝试性的练习；②你打算练习几遍；③你现在的练习状态是怎样的。

如果你想要在一个不会让你自己、你的工作和你的职业声誉面临风险的环境中与他人进行练习，那么可以进行以下三个维度的练习：

（1）个人练习。那些你可以自行进行且无须对他人交代的练习。

（2）非正式练习。那些与你所信任的人一起完成的练习。

（3）尝试性练习。那些与某个团体预先达成共识，以更正式的方式进行的练习。

我强烈建议你从前两项练习中选一项作为切入点。接着，当你准备好的时候，就可以开始第三项练习。记得练习你的非层级化习惯与反应，会让你更有能力将其从日常生活中带到其他地方。

不管你进行的是哪种练习，都需要多次练习。每一次，不管成功与否，都是学习的机会，都是在积累经验，都是为了让下一次更好。总之，练习就是要多次地重复，弄清楚自己在相应的练习上需要重复练习多少次，你就不会刚练习一两次就放弃了。

练习

你会进行哪个练习：个人练习、非正式练习或尝试性练习？

你会练习多少次？

在这个练习上，记录下自己现阶段的能力水平，将有助于定位并强化你的能力。每种场景都是不同的，但有些基本问题可以指引你。

定期地检查你自己的行为（而非其他人的行为）。例如，一周一次。思考具体时刻和自我反应。下一页的工具是帮你进行自我检查。

你的练习现状

过去几周，你的练习情况如何？在以下括号中用 X 的符号来标出你的情况。

（1）分享你练习的现状，舒适度如何？请标出你所处的位置。

保持私密 <————————————————> 知会每个人

（2）你的情感状态如何？请标出你所处的位置。

紧张 <————————————————> 平静

（3）你关注的是什么？请标出你所处的位置。

自己 <————————————————> 所有人

（4）你如何评价你的责任感？请标出你所处的位置。

其他人 <————————————————> 我

（5）你的态度是什么？请标出你所处的位置。

批评 <————————————————> 质询

第三步：邀请其他人加入

当你开始实施时，需将其他人也考虑在内。在社群中练习最合适不过了，但是练习、环境，你的自适程度和技巧都会影响你如何邀请其他人的加入。有时候，你可以简单地宣布你要做什么，但其他时候，你需要以恰当的方式提出建议并与其他人达成意见一致。以下有五个选择，可以帮你邀请其他人加入：

（1）无须言明。当该练习只会改变你自己的行为且无须任何人的允准时，那就无须言明。

（2）告知他人。当你不需要他人允准但希望其他人注意到该练习时，你可以告知他们。

（3）非正式地邀请。当你想让每个人自行决定是否参与时，你可以非正式地向他们发出邀请。

（4）正式地邀请。当你想让该练习被他人明确地了解并在最后可以被他们采用，而且迫切需要每个人都能决定他们是否参与时，就要对该活动进行规划并正式地向他们发出邀请。

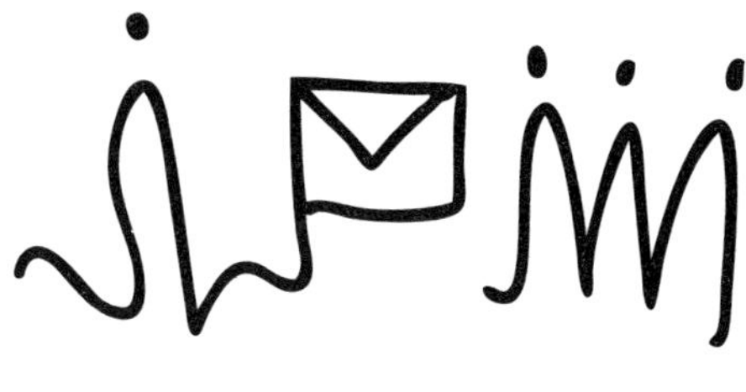

（5）提出建议并共同决策。当你需要某个团队同意与你一起尝试某事时，你可以提议进行尝试性练习。

邀请

找出你所使用的邀请类型：

对该邀请类型进行描述：

如果你确实需要邀请，记住该邀请务必要真实，你要准备好大家可能说“不”的情况，并且要让大家知道这个情况。这不是细节问题：非层级化文化的整个前提是让所有人自行决定。即使该邀请缺乏硬性胁迫，软性力量也与邀请相关联。[48] 如若你已拟好邀请，可以通过以下几个问题来进行检验：

（1）邀请是否以一种积极的方式来表达？有时候我们会捍卫水平化练习，哪怕有些事物会伴随着这个新练习而消失。

（2）邀请是否以一种不评判他人或当前方法的方式表达？

（3）邀请是否会让练习目的更明确？

如果需要邀请，那么就要找时间、找地方实施。一旦你准备好了，就可以开始练习。

第四步：练习——参与和主导

如果你尝试进行练习，当你需要邀请其他人时，不管以多么不正式的方式，你身上都同时存在着两种身份。在过程中，你既要参与其中，也要让其他人参与其中。你既要参与，同时还要关注那些你可能需要做的事。我们将其称之为“主持领导力”，也就是在你主动参与的同时，你也在练习你的领导力（闪光灯也会随之而来打在你身上）。

这种双重身份本身就是在进行非层级化练习。你同时在前台、后台和侧台。

练习笔记

如果你是一名管理者，记住你的声音比你想象的更有影响力，因此你可能需要提醒自己有时候要保持沉默。如果你不是管理者，你需要练习“大声说出来”或练习“承担责任”这些你不习惯做的事。你了解你自己，了解自己的习惯，你也了解你需要控制的东西，首先可以将你的想法写下来。

记住，这是练习，你无须一步到位。你会经历尝试、受阻、重新调整、再尝试的过程，哪怕你有热情想要走向水平化，但层级化反应和习惯已经深深地扎根在你的意识中，所以会在理想化状态与习惯之间，面临二者之间的紧张局面，甚至矛盾。

第五步：反思和学习

反思和重复对于向水平化文化转变的过程而言是极其关键的。练习关乎学习，和他人一起练习会比独自练习的效果更好。在一起思考会带来深度的变化。当你和别人一起开会反思练习的效果时，每个人都要事先做好准备回顾最初的目标和提案，而团队则必须回溯提案支持反思的过程，回溯你当初准备练习时所明确的所有事项，将有助于反思。

有趣的是，集体汇报下的自我反思有时候会比个人汇报下的自我反思更强有力。提供非正式的工作汇报实际上带着多种非层级化的练习；这是开放的，有助于人们弄清楚发生了什么。汇报要为意义建构和质询提供真实的空间，而不是推动先前的想法。

不管你想如何使用汇报，我建议你都要提出质询，以专注于加强水平化的工作方式：层级化偏见、个人领导力、邀请、权力以及信任。每一种方式都可以对当下及未来进行探索，探索你与自己的内在关系，探索你与他人的关系。以下五个主题有助于我们突破扎根于我们内心的层级化文化的世界观和习惯。

（1）层级化偏见。我们习惯地认为层级化工作方式是唯一的方式，当我们期待以一个水平化的练习作为试验来撬动数十年的层级化文化时，你有没有注意到你的内心在和该观念对抗？列举一个你对抗的具体场景。

（2）个人领导力。在练习中你需要在哪些地方后退一步将空间让给其他人？在哪些地方你要向前一步，承担主动权和领导力？在练习过程中让你有所挣扎的地方在哪？其他人的个人领导力如何？

（3）邀请。当非层级化的练习以邀请和提案的方式进行的时候，这是有用的。别人如何收到你的邀请？接下来，你要如何改善你的邀请方式？

（4）权力。权力在大多数的组织中是垂直流动的，也因此影响着所有人和所有角色。这些经验是如何影响权力在你的组织中分发的？通常，非层级化练习与层级化练习并存：这两种练习是如何出现的，又是如何被引导的？

（5）信任。层级化文化是建立在人类因没有服务组织而产生的恐惧之上，而非层级化练习则提供了轻量的框架来帮助人们多信任其他人一点。你的信任习惯是如何展现的（具体一点）？是如何被挑战的？你是否在经历信任的转变？

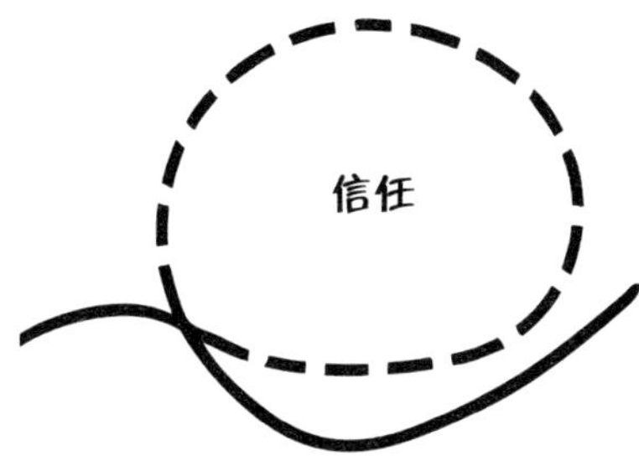

洞察力

找出两种洞察力……

（1）

（2）

你可以使用这些询问的线索在一个意义建构的活动中找到学习和改进的机会。显然，不是所有问题都需要收录到每天的

汇报中。当你设计汇报时，思考具体内容：这些问题中，哪个对你的情况最有帮助？当大家需要提前准备时，可以让大家把想法写在纸上或安排反思时段，让参与者在这个过程中专注于当前的主题。你也可以建议所有人进行自由写作或给出提示，但无论在何种情况下，目标是给大家空间，让他们先想好自己要说什么。

练习、练习、练习

如果非要让你从本书带走一样东西，我想应该就是要明白走向水平化其实不外乎实践练习。刚开始时，走向水平化不会一步到位也不会轻而易举,改变思维从来都不是容易的事。相反，这个过程是凌乱的、笨拙的，不仅要核对长长的清单，还要不断试错、推着自己往前走。最大的困难并不在于这事对你来说不自然。相反，你之所以挣扎是因为你试图理解和接受自己是如何在层级化方式中沉沦这么久。就像学开车：前一天，你还觉得隔几秒钟看一下后视镜是不可能记住的事，但到了第二天你想都不用想就会这么做。这就是练习的结果。有些事就是让人觉得要如此刻意、如此努力才能养成自动的、毫不费力的习惯。这就是终极目标：开始感知你自己的角色和动力，去看看这世上更多的可能性。对自己和他人都宽容一些，放轻松。走向水平化的过程是一个内化的过程,当你觉得自己已经完成练习时，不妨再多练练。

同时，当习惯与反应得到强化，当水平化思维方式得到生发，你周围的世界也会持续不断地发生转变。“人人共创一个更有参与感的组织”这个观念也在逐渐地成为主流，同时也在得到更多人的支持。水平化组织的社区正在生长，工具也在增多，思考不断联结，故事也在流传。只有在一个更自治更有责任感的情况下，在共同管理关系和冲突的情况下，组织才有未来。未来是符合人性的，未来是走向水平化的。

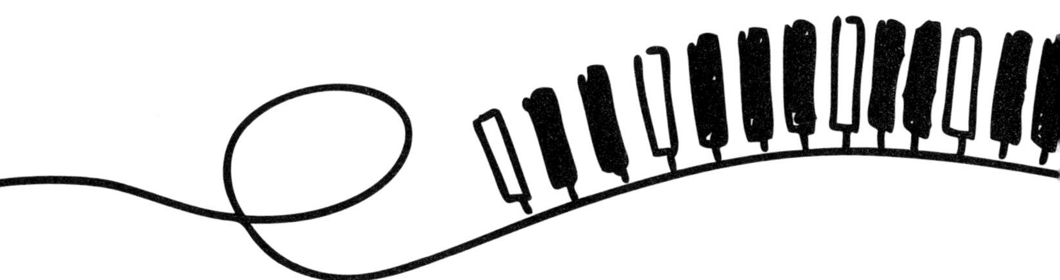

附录

Percolab 的决策产生过程

共同决策并不一定是历时长久又令人痛苦的过程。同意决策法虽然有助于组织集体地、高效地、明智地做出决策，可惜截至目前仍然鲜为人知。在 Percolab，我们分别在加拿大和法国都设有顾问公司支持社会创新与合作，这就是我们的方法。

我们开展创造性的决策过程，即将同意决策法、合弄制及“主持的艺术”融合在一起。[49] 在 Percolab，我们每周都会用这样的方法进行决策，最高纪录是一个小时内做了 19 个战略决策。

这个过程要求有人主持；理想的方式是，大家轮流担任主持。在 Percolab，每个人都可以用这种方式进行决策，并且根据当天情况轮流主持。

当一个组织第一次开展这些实践练习时，邀请外部主持人来进行启蒙将有助于培养员工的相关技能。

1．时机成熟

决策的时机成熟了吗？场景是否清楚了？是否需要收集信息或数据？是否开放对话有助于时机的成熟？

主持小贴士：这时候，你需要给到团队 1 ～ 2 个时段开放对话（例如，你可以说，“我会设置 10 分钟的时间给大家讨论。”）。必要的话可以加时。如果决策的时机尚未成熟，没关系，继续深入地倾听，直至你认为提案成形，说明此刻时机成熟了。这时候，邀请团队进入下一个环节。

2．提案（第 1 版）

邀请团队：“有没有人来说说你的提案？”该邀请有助于推动团队前进，你也有很多机会一起调整该提案。

主持小贴士：助推提议人说出提案，最好是用一句话来说明。避免让某个提案扩散为多个提案。确保该提案写下来对所有人可见（而不仅仅是提议人可见），并大声地读一遍该提案。

3. 明确提案

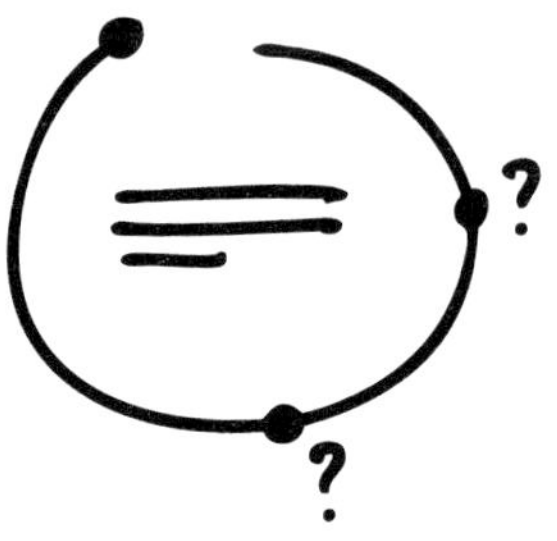

让团队向提议人发问。提议人可以有两种回答：①提供答案；②如果无法回答可以说“未明确”。

主持小贴士：如果有人发言但未提出问题（例如，只是回应），则要提醒他们现在是提问时间。确保所有问题都是指向提议人的，无其他人介入。避免提议人顾左右而言他不对问题做出正面回答（把握节奏）。要知道何时结束本轮环节（例如，当大家准备好做出回应时即可进入下一环节）。

4. 回应

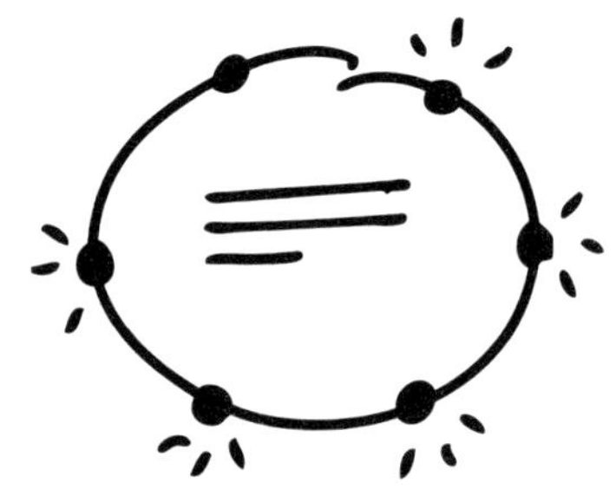

本环节所有人（除提议人外）均可对提案进行回应；每个人的声音和观点都需要被听到。提议人深入倾听并做好笔记。之后，提议人据此调整出新版本的提案。

主持小贴士：从那个情绪反应最大的人开始，然后每个人轮流进行回应。确保回应不是针对提议人而是针对提案本身——必要的话主持人可以介入。

5. 提案（第 2 版）

提议人根据每个人的论述更新提案。让提议人将新版本提案写出来，并确保对每个人可见。大声读出来。

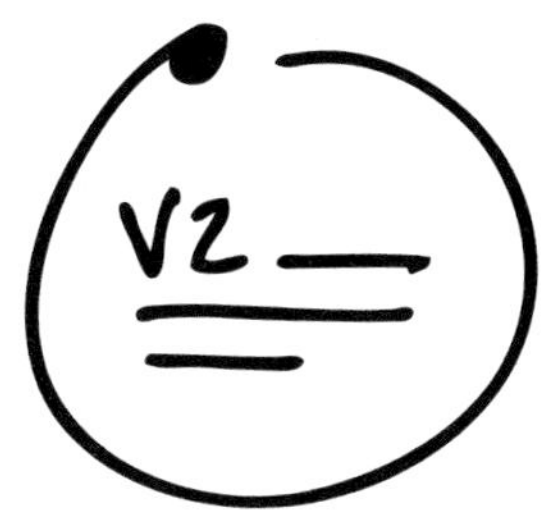

主持小贴士：如果你感觉提议人可能想维持原来版本，那么提醒他们可以维持原样。如果你感觉提议人想支持更新后的版本，提醒他们可以寻求帮助，但不用急于提醒，可以等等看。

6. 反对意见

询问在座的所有人是否持有反对意见。反对意见需表达出与组织风险或有碍组织发展的相关内容。认真倾听反对意见并决定该反对意见是否有效。如果有效，则要求提议人将该反对意见加到新版本的提案中。接着重复反对意见环节。

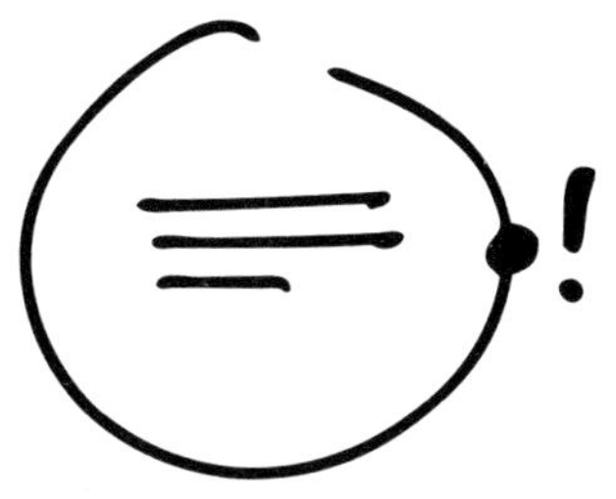

主持小贴士：有时候大家可能表达的只是个人的担忧但不是组织实际存在的风险。你需要分辨出二者的区别。如果你不能确定，那么你可以向团队寻求帮助。这是主持过程中难度最高的环节。

7. 可视化确认

通过以竖起拇指的方式，让每个人进行可视化确认，表示他们可以接受该决策。这个方式可以让所有人看见每一个人对该决策的意见。如果有所担忧而没有竖起拇指，也会直接有所体现，因为他没有竖起拇指。这种情况会发生于这个人努力想找到词语表达某个对他们来说很重要的想法，或者这个人没有积极投入到这个过程（如对该决策持保留意见）。不管是哪种情况，这种担忧都需要表达出来，此时团队需要回到上一个环节，即反对意见环节。

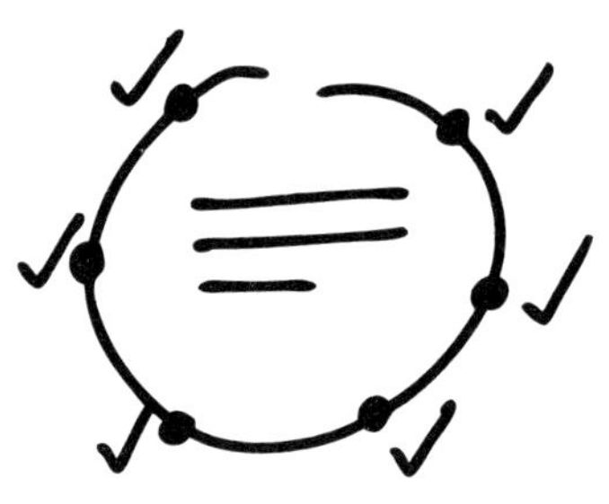

注：如果将文化暗示作为可视化确认也是好的，这样就可以快速追踪提案了。如有人提案的话，你可以快速地确认一下是否所有人都可以与之和平共处。

主持小贴士：可视化确认不是决策会议，也不是让大家放下拇指重新再来一遍的机会。只是简单的可视化确认。如果过程进展得顺利，所有人都会竖起拇指。如果有人努力说出反对意见，那么要支持提出反对意见的人，并且让他们感受到所有的信息都是重要的。

最后，就像你学钢琴，不要期望一步到位。得多练练。

注释

作者自序

1. Ulrike Hanemann, "Nicaragua's Literacy Campaign," Background paper (Hamburg, Germany: UNESCO Institute for Education, March, 2005).

第一章　为何要走向水平化

2. Gary Hamel and Michele Zanini, "Excess Management Is Costing the U.S. $3 Trillion per Year," *Harvard Business Review*, September 5, 2016.（实际上，二位作者指出在美国每 4.7 名员工就会配 1 名管理者）

3. Gallup, *State of the Global Workplace* (New York: Gallup Press, 2017), 22.

4. Jean-Pierre Brun, "Les Causes du problème. Les sources de stresse au travail," in *La santé psychologique au travail . . . de la définition du problème aux solutions*" (Québec: Chaire en gestion de la santé et la sécurité du travail dans les organisations de l' Université Laval, 2003).

5. Ben Wigert, "Talent Walks: Why Your Best Employees Are Leaving," Gallup Blog, January 25, 2018.

6. 案例有：Nation1099 是一个自由职业网站发行商；SmartEU 为 85 000 自由职业者提供合作化服务。

7. Frederic Willequet, "Wirearchy: Sketches for the Future of Work," *Frederic Williquet Blog*, 2015.

8. Ana Manzanedo and Alicia Trepat, *Designing Positive Platforms: A Governance-Based Approach* (n.p.: Institute for the Future Research on Positive Platforms, May 2017).

9. Michael Chui et al., *Notes from the AI Frontier: Insights from Hundreds of Use Cases*, Discussion Paper (n.p.: McKinsey Global Institute, April 2018).

10. 博组客的案例来自弗雷德里克·莱卢（Frederic Laloux）的著作《组织重塑》*Reinventing Organizations*（Brussels: Nelson Parker, 2014）.

第二章 熟能生巧

11. Benoit Sarrazin, Patrick Cohend, and Laurent Simon, *Les communautés d'innovation*（Caen, France: EMS Editions, 2017）. 当以下四种情况出现时，人们会更愿意在团体中实践练习：①有趣的主题 / 目的；②可以分享和成长的地方；③彼此之间互相信任；④自主管理没有老板。

第三章 自治

12. Sarah Brown et al., "Employee Trust and Workplace Performance," *Journal of Economic Behavior and Organization*

116 (2015): 361–378.

13. Elizabeth Hunt, "Pulling on the Self–Managing Thread: The Regitex Experience," *Percolab Droplets*, November 16,2017, http://www.percolab.com/en/pulling–on–the–self–managing–thread–the–regitex–experience/; "The Cookie Factory: How a Burnout Led to Liberation," Corporate Rebels Blog, April 3, 2016, https://corporate–rebels.com/cookie–factory–rehab–turned–liberation/.

14. Based on a conversation with employees in Mondragon in 2017. 基于 2017 年在蒙德拉贡与员工的一次谈话。

15. Nicholas Bloom and John Roberts, "A Working from Home Experiment Shows High Performers Like It Better," *Harvard Business Review*, January 23, 2015, https://hbr.org/2015/01/a–working–from–home–experiment–shows–high –per formers–like–it–better.

16. 欧洲中小企业代理机构 https://ec.europa.eu/easme/en.

17. Brian J. Robertson, Holacracy: *The New Management System for a Rapidly Changing World*（New York: Henry Holt, 2015）.（译者注：中文版《重新定义管理》——合弄制改变世界）

第四章　目的

18. Frederic Laloux, *Reinventing Organizations*（Brussels: Nelson Parker, 2014）.（译者注：中文版《重塑组织》）

19. Laloux, *Reinventing Organizations*, chapter on purpose. 弗雷德里克・莱卢，《重塑组织》宗旨篇（译者注：Purpose 在这本书中翻译为"宗旨"，与本书中的"目的"略微有些不同）。

第五章 会议

20. Robert J. Stahl, "Using 'Think-Time' and 'Wait-Time' Skillfully in the Classroom," ED370885 1994-05-00, ERIC Digest, 1994.

21. Harrison Owen, *Open Space Technology: A User's Guide* (Berrett-Koehler, 1997); and the Open Space Technology website, http://openspaceworld.org/wp2/.

第六章 透明化

22. 维基百科每个月新增 20 000 篇文章. Wikipedia, s.v. "Wikipedia: Size of Wikipedia," https:// en.wikipedia.org/wiki/Wikipedia:Size_of_Wikipedia, last updated March 24, 2018.

23. 该组织叫欧盟委员会（European Commission），税收和关税同盟（Directorate General Taxation and Customs Union），方案信息和协作空间 Programme Information and Collaboration Space（PICS），http://ec.europa.eu/dpo -register/details.htm?id=38627.

24. "Our Public Google Drive," August, accessed May 28, 2018, http://www.aug.co/steal-our-stuff.

25. "Steve Jobs Brainstorms with the NeXT Team," YouTube, 1985, https://www.youtube.com/watch?v= BNeXlJW70KQ.

26. Buffer 透明化薪资计算系统：https://buffer.com/salary/senior-engineer-web/average/。

27. 有些公司从20世纪80年代就开始进行自主设置薪酬了：巴西的 Semco Partners（年收入 2.5 亿美元），法国的 FAVI（共计400名员工），美国的Morning Star（全球最大番茄加工公司）。

第七章　决策

28．我做这个表格是用在我的培训课上。有些参与者感觉应该还要加一个决策类型：现状或无决策。

29．Sam Kaner, *Facilitator's Guide to Participatory Decision Making* (San Francisco: Jossey–Bass, 2014).

30．Loomio是一个线上合作系统，帮助团队一起做决策。

31．这个方法形式多样：全民政治、同意决策法、合弄制、综合决策、P.A.R.S.E.（现状、提问、反应、解决、执行）。

32．此时可以快速地进行可视化确认加速提案的进程。如果所有人意见达成一致，那么这就是决策。如果有一个人不同意，那么就得跑完整个流程。

第八章　学习与成长

33．Ben Wigert, "Talent Walks: Why Your Best Employees Are Leaving," *Gallup Blog*, January 25, 2018, http://www.gallup.com/workplace/231641/talent–walks–why–best–employees –leaving.aspx.

34．"Future Work Skills 2020," Institute for the Future, 2011, http://www.iftf.org/futureworkskills.

35．Kim Scott, *Radical Candor: Be a Kick-Ass Boss without Losing Your Humanity* (New York: St. Martin's Press, 2017).

36．Rosenberg, Marshall B. *Nonviolent Communication : A*

Language of Life (Encinitas, CA : PuddleDancer Press, 2003)

37. 受到这本书的启发： Robert Kegan et al., *An Everyone Culture: Becoming a Deliberately Developmental Organization* （Boston: Harvard Business Review Press, 2016）.

38. Jason Seaman and Alison Rheingold, "Experiential Learning. Circle Talks as Situated Experiential Learning: Context, Identity, and Knowledgeability in 'Learning from Reflection,' " *Journal of Experiential Education* 36, no. 2:155–174; Lena Whilhelmson et al., "Enabling Transformative Learning in the Workplace: An Educative Research Intervention," *Journal of Transformative Education* 13, no. 3: 219–238.

39. Patty McCord, "How Netflix Reinvented HR," *Harvard Business Review*, January–February 2014.

第九章　关系与冲突

40. William Issacs, *Dialogue: The Art of Thinking Together* (New York: Doubleday, 1999).

41. 见案例，Gill Crossland–Thackray, "Mindfulness at Work: What Are the Benefits?" *Guardian* December 21, 2012; and Ashley Stahl, "How to Practice Mindfulness at Work," *Forbes*, September 14, 2017.

42. Scharmer, C. Otto, *Theory U: Leading from the Future as It Emerges* (San Franciso: Berrett–Koehler Publishers, 2009)

43. Otto Scharmer, *The Essentials of Theory U: Core Principles*

and Applications (Oakland: Berrett–Koehler, 2018), 42–46.

44. William Gentry, *Be the Boss Everyone Wants to Work For: A Guide for New Leaders* (Oakland: Berrett–Koehler, 2016).

45. Adam Kahane, *Collaborating with the Enemy: How to Work with People You Don't Agree With or Like or Trust* (Oakland: Berrett–Koehler, 2017).

46. Kenneth W. Thomas, and Ralph H. Kilmann, *Thomas-Kilmann Conflict Mode Instrument: Profile and Interpretive Report* (n.p.: CPP, 2008), http://www.kilmanndiagnostics.com/sites/default/files/TKI_Sample_Report.pdf.

47. William Issacs, *Dialogue: The Art of Thinking Together* (New York: Doubleday, 1999).

第十章　从这里开始，你要去往何处

48. M. W. McKergow, "Leader as Host, Host as Leader: Towards a New Yet Ancient Metaphor," *International Journal for Leadership in Public Services* 5, no. 1: 19–24.

附录　Percolab 的决策产生过程

49. Art of Hosting（网站：http:// www.artofhosting.org/），参考时间 2018 年 7 月 3 日。

参考文献

[1] Bloom, Nicholas, and John Roberts. "A Working from Home Experiment Shows High Performers Like It Better." *Harvard Business Review*, January 23, 2015, https://hbr.org/2015/01/a-working-from-home-experiment-shows-high-performers-like-it-better.

[2] Brown, Sarah, Daniel Gray, Jolien McHardy, and Karl Taylor. "Employee Trust and Workplace Performance." *Journal of Economic Behavior and Organization* 116 (2015): 361-378.

[3] Hanemann, Ulrike. "Nicaragua's Literacy Campaign." Background paper. Hamburg, Germany: UNESCO Institute for Education, March 2005.

[4] Kaner, Sam. *Facilitator's Guide to Participatory Decision Making*. Community at Work, 2014.

[5] Kegan, Robert, Lisa Laskow Lahey, Matthew L. Miller, and Andy Fleming. *An Everyone Culture: Becoming a Deliberately Developmental Organization*. Boston: Harvard Business Review Press, 2016.

[6] Laloux, Frederic. *Reinventing Organizations*. Brussels: Nelson Parker, 2014.

[7] Owen, Harrison. *Open Space Technology: A User's Guide*. Oakland: Berrett-Koehler, 1997.

[8] Robertson, Brian J. *Holacracy: The New Management System for a Rapidly Changing World*. New York: Henry Holt, 2015.

[9] Stahl, Robert J. "Using 'Think-Time' and 'Wait-Time' Skillfully in the Classroom." ERIC Digest, ED370885 1994–05–00, 1994.

致谢

感谢所有帮助我、让这本书得以出版的人。

感谢我的出版社，他们也在进行水平化组织之旅。感谢我的编辑安娜·莱因贝格尔的耐心与参与。

感谢 Percolab 的所有同仁在水平化实践领域的共同学习，尤其是纳丁、保罗、里亚、卡琳、范妮、伊沃、安、伊洛娜、尼尔、海伦娜、丹尼斯、梅根、克洛艾、圣罗兰、劳伦斯、埃兹拉、伊丽莎白、塞德里克、斯蒂芬妮、斯蒂芬妮莉迪娅、卢卡斯、多米尼克、罗奇、伊夫。感谢 Percolab 的伙伴及合作者——哈菲兹、克莱芒丝、莫妮克、拉奎尔等陪伴我们一起成长。

感谢我的家人，让我得以全身心地投入工作，尽情体验生命的潮起潮落，尤其是约安、佐伊、鲁本、爱娃、保罗、金、亚当、珍妮、科林、海伦以及我的父母。当我的母亲及她朋友丹尼斯带着好奇并走向水平化时，我非常激动。

感谢国际“主持的艺术”和“独立游戏”社区为我提供支持，尤其是托克、莫妮卡、里亚、纳丁、克里斯、塔斯黛、阿曼达、索菲亚、特雷西、梅琳达、卡罗琳、海伦。

感谢青色组织的创业社群，尤其是苏珊、布伦特、特拉维斯，他们帮忙与贝尔特·科勒出版社在不知不觉中建立了联系。

感谢不断成长的自主管理组织社群，尤其是弗雷德里克、乔治、苏珊和里亚。感谢 Unleash 社区提供的深度学习，尤其是德克和康纳。感谢所有在新西兰的伙伴以及匈牙利的夏季屋。感谢 Tiimiakatemia 社区多年前的启发，艾蒂安和维尔。感谢麦克康奈尔基金会。

感谢我的朋友给我空间，尤其是科琳、布鲁斯、凯西、塞西尔、琳恩、皮特、梅丽莎、让·佛朗索瓦和帕特里夏。

感谢马克，我们的教练点石成金。

感谢 Percolab 的过去、现在和未来。

感谢我的同事保罗，为我的工作带来独特的视角与智慧。

感谢我的丈夫保罗，一直陪在我身边，带我在水中玩耍。